中国农业保险农民权益的司法保障与监管制度创新研究

Agricultural Insurance

丁春燕　著

WUHAN UNIVERSITY PRESS
武汉大学出版社

图书在版编目(CIP)数据

中国农业保险农民权益的司法保障与监管制度创新研究/丁春燕著.—武汉：武汉大学出版社,2021.6(2022.4 重印)
ISBN 978-7-307-22378-3

Ⅰ.中…　Ⅱ.丁…　Ⅲ.农业保险—保险制度—研究—中国
Ⅳ.F842.66

中国版本图书馆 CIP 数据核字(2021)第 101080 号

责任编辑:胡　荣　　　责任校对:李孟潇　　　版式设计:马　佳

出版发行：**武汉大学出版社**　(430072　武昌　珞珈山)
(电子邮箱：cbs22@ whu.edu.cn　网址：www.wdp. com.cn)
印刷:武汉邮科印务有限公司
开本:720×1000　1/16　　印张:8.5　　字数:138 千字　　插页:1
版次:2021 年 6 月第 1 版　　　2022 年 4 月第 2 次印刷
ISBN 978-7-307-22378-3　　　定价:35.00 元

目　　录

第 1 章　导　论 ······ 1
1. 1　研究背景与研究意义 ······ 1
1. 2　研究综述 ······ 4
1. 3　研究方法与数据来源 ······ 8
1. 4　主要创新 ······ 9

第 2 章　政策性农业保险监管制度现状与问题 ······ 10
2. 1　农业保险监管制度的现状 ······ 10
2. 2　农业保险监管制度存在的问题 ······ 12

第 3 章　农业保险合同诉讼焦点之一：诉讼结果实证分析 ······ 17
3. 1　农业保险合同诉讼的理论基础 ······ 18
3. 2　数据来源与研究方法 ······ 19
3. 3　农业保险合同诉讼的数据分析结果 ······ 25
3. 4　农业保险合同诉讼实证结论 ······ 31

第 4 章　农业保险合同诉讼焦点之二：合同效力 ······ 32
4. 1　农业保险合同无效的原则 ······ 32
4. 2　农业保险合同无效的规定 ······ 36
4. 3　农业保险合同效力争议的司法实践 ······ 40

第 5 章　农业保险合同诉讼焦点之三：理赔协议效力 …………………… 46
5. 1　表见代理理论 …………………… 46
5. 2　表见代理的构成要件 …………………… 49
5. 3　农业保险理赔协议效力争议的司法实践 …………………… 51

第 6 章　农业保险合同诉讼焦点之四：免责条款效力 …………………… 62
6. 1　免责条款理论 …………………… 62
6. 2　明确说明义务的理论标准与司法审查 …………………… 65
6. 3　免责条款效力争议的司法实践 …………………… 68

第 7 章　农业保险合同诉讼焦点之五：事实认定 …………………… 78
7. 1　集体投保事实认定争议的司法实践 …………………… 78
7. 2　受灾损失事实认定争议的司法实践 …………………… 86
7. 3　单位换算事实认定争议的司法实践 …………………… 97

第 8 章　农业保险诈骗诉讼焦点之六：区块链电子证据能力 …………………… 102
8. 1　监管之痛：农业保险欺诈 …………………… 102
8. 2　刑诉桎梏：电子数据证据能力 …………………… 105
8. 3　司法适用：区块链电子证据真实性 …………………… 107
8. 4　理论与实践：区块链系统的应用价值 …………………… 113

第 9 章　农业保险监管制度完善与监管科技应用建议 …………………… 117
9. 1　农业保险监管制度完善建议 …………………… 118
9. 2　保险科技应用与数据共享建议 …………………… 122

参考文献 …………………… 126

后记 …………………… 132

表 目 录

表 3-1　样本定性数据的描述统计表 …………………………………… 21
表 3-2　样本定量数据的描述统计表 …………………………………… 22
表 3-3　估计一审原告胜诉几率比的 Logistic 模型数据 ………………… 26
表 3-4　估计一审法院支持金额的多元线性回归模型数据 ……………… 29
表 4-1　农业保险合同效力争议的案件 ………………………………… 41
表 5-1　农业保险理赔协议效力争议的案件 …………………………… 55

第1章　导　　论

1.1　研究背景与研究意义

民为国基，谷为民命。习近平总书记在2020年5月23日参加全国政协经济界委员联组会时强调：“对我们这样一个有着14亿人口的大国来说，农业基础地位任何时候都不能忽视和削弱，手中有粮、心中不慌在任何时候都是真理。”党的十八大以来，以习近平同志为核心的党中央把粮食安全作为治国理政的头等大事，把“三农”问题当作重中之重，以乡村振兴战略的实施作为总抓手，使农业农村发展取得了历史性成就，为党和国家事业全面开创新局面奠定了坚实的基础。2004年以来，我国粮食年总产量逐年稳步提升，从1982年的3.55亿吨增加到2019年的6.64亿吨，① 成为全面建成小康社会和脱贫攻坚的有力支撑。但是，农业生产不仅受洪灾、旱灾、台风等极端气候的显著影响，还要承受市场风险、社会风险、技术风险等因素的影响，农民历年收益起伏不定，严重制约乡村振兴及乡村产业振兴的发展进程。农业保险作为分散农业风险和市场风险的管理工具和稳定农民收入的稳定器，对推进现代农业发展、促进乡村产业振兴、改进农村社会治理、保障农民收益等具有重要作用。

我国农业保险经历了1982—2003年第一阶段的商业性农业保险试验期和2004年至今第二阶段的政策性农业保险发展期。在商业性农业保险试验期间，1982年首先由中国人民财产保险股份有限公司(以下简称“人保财险公司”)和新疆生产兵团农牧业保险公司进行承保。但因为自然灾害风险较大、农民保险意识薄弱、缺少政府财政支持等多方面因素的综合作用，商业性农业保险市场逐步萎

① 数据来源：国家统计局网站。

缩，在1995—2003年处于徘徊发展和停滞阶段。在我国于2001年加入世界贸易组织以后，鉴于财政支农资金普遍使用效率不高，尤其是补贴资金，存在着“散”“乱”等问题，国家将“黄箱”政策范围的农业直接补贴逐步调整到“绿箱”支持政策的农业保险补贴，以提高农业补贴政策效能，充分发挥政策惠农增收效应。2004年，政策性农业保险试点开始实施，主要由地方政府为主导，因地制宜，因地决策。中央鼓励加快建立政策性农业保险制度，选择部分产品和部分地区率先试点，有条件的地方可对参加种养业保险的农户给予一定的保费补贴。[①] 2007年，中央政府开始主导政策性农业保险的保费补贴试点，试点为吉林、内蒙古、新疆、江苏、四川、湖南6个省区，人保财险公司、中华联合财产保险股份有限公司（以下简称“中华联合财险公司”）和安华农业保险股份有限公司（以下简称“安华农险公司”）3家保险公司将参与试点，开启了我国农业保险快速发展的序幕。[②] 2013年，《农业保险条例》的实施标志着政策性农业保险制度的正式确立，为农业保险的发展和农业保险权益的保障提供了制度支持。2018年，《乡村振兴战略规划（2018—2022年）》把为农业发展提供风险保障的农业保险列为实施乡村振兴战略的农业支持保护制度，提出完善农业保险政策体系和农业风险管理和预警体系的要求。2019年财政部、农业农村部、银保监会、林草局四部委联合印发了《关于加快农业保险高质量发展的指导意见》（以下简称《指导意见》），对进一步完善农业保险政策，提高农业保险服务能力，优化农业保险运行机制，推动农业保险高质量发展，更好地满足“三农”领域日益增长的风险保障需求和服务乡村振兴战略提出具体要求。

我国政策性农业保险的中央财政补贴对象由试点初期的玉米、水稻、小麦、大豆、棉花、能繁母猪6个种类逐步扩大到16个种类，种植业包括玉米、水稻、小麦、棉花、马铃薯、油料作物、糖料作物；养殖业包括能繁母猪、奶牛、育肥

① 参见国务院：《中共中央国务院关于促进农民增加收入若干政策的意见（2003年12月31日）》，中发〔2004〕1号第19条。

② 参见新华社：《中央财政农业保险保费补贴试点“敲定”六个省区》，载中央政府门户网站：http：//www.gov.cn/jrzg/2007-04/14/content_582969.htm，2007年4月14日。

猪；森林包括公益林和商品林；特色品种包括青稞、牦牛、藏系羊、天然橡胶等。① 为落实中央领导指示精神，贯彻中央一号文件要求，提高农业保险服务"三农"的能力和水平，推动农业保险"扩面、增品、提标"，财政部、农业农村部、银保监会等相关部门相继启动了农业大灾保险试点、三大粮食作物完全成本保险和收入保险试点、中央财政对地方优势特色农产品保险奖补试点。其中，农业大灾保险试点于 2017 年启动实施，第一期试点期限为 2017—2018 年两个年度，在河北、内蒙古等 13 个粮食主产省的 200 个产粮大县开展。第二期试点于 2019 年启动，扩大到 13 个粮食主产省的 500 个产粮大县，试点任务、目标和要求不变。试点的主要内容是针对新型经营主体提供更高保额的保险产品，保险金额覆盖直接物化成本和地租，各级财政共按约 80%的比例补贴保费，其中，中央财政对中西部地区补贴 47.5%、对东部地区补贴 45%。② 三大粮食作物完全成本保险和收入保险试点于 2018 年启动，各级财政共按约 70%的比例补贴保费，其中，中央财政对中西部地区和东北地区补贴 40%、对东部其他地区补贴 35%，取消县级财政保费补贴。试点期限为 2018—2020 年三个年度，在内蒙古、辽宁等 6 个粮食主产省(区)的 24 个产粮大县开展，保障对象包括规模经营农户和小农户，完全成本保险保额覆盖农业生产全成本(包括直接物化成本、人工和地租)，收入保险覆盖农业生产产值。③ 中央财政对地方优势特色农产品保险奖补试点(以下简称"以奖代补")于 2019 年出台，试点首先在内蒙古、甘肃等 10 个省(区)开展，试点期限暂定 1 年。2020 年试点省份由 10 个扩大至 20 个，每个省的试点品种由不超过 2 个增加到不超过 3 个。各级财政共按 60%~65%的比例补贴保费，其中中央财政对中西部地区补贴 30%、东部地区补贴 25%，扶贫开发重点县和集中连片特困地区县承担的保费补贴比例不超过 5%。④

---

① 参见财政部：《中央财政农业保险保险费补贴管理办法》(财金[2016]123 号，2016 年 12 月 19 日)第 5 条；财政部、农业农村部、银保监会：《关于将三大粮食作物制种纳入中央财政农业保险保险费补贴目录有关事项的通知》(财金[2018]91 号，2018 年 7 月 30 日)。

② 参见财政部：《关于在粮食主产省开展农业大灾保险试点的通知》(财金[2017]43 号，2017 年 5 月 17 日)。

③ 参见财政部、农业农村部、银保监会：《关于开展三大粮食作物完全成本保险和收入保险试点工作的通知》(财金[2018]93 号，2018 年 8 月 20 日)。

④ 参见财政部：《关于开展中央财政对地方优势特色农产品保险奖补试点的通知》(财金[2019]55 号，2019 年 6 月 14 日)。

农业保险产品从最初的成本保险逐步扩大到完全成本保险、收入保险、指数保险、大灾保险等时，保费规模也加速提升，从 2008 年的 107.23 亿元提高到 2019 年的 671.68 亿元；财政资金保费补贴力度也逐年提高，从 2008 年的 78.4 亿元增长到 2019 年的 504.36 亿元。2019 年，我国农业保险保障水平为 23.61%，增速创近年新低，但保险赔付率创历史新高，达到了 83.23%的历史最高水平，同比增长 13.25%，保险赔偿从 2007 年的 53.3 亿元增长到 2019 年的 559 亿元。[①] 虽然我国在 2018 年已经成为仅次于美国的全球第二大市场，但是在农业保险高质量发展过程中，农业保险监管制度的僵化、滞后、缺位等问题致使虚假投保、虚假理赔、协议理赔、套取财政补贴资金等违法违规行为屡禁不止，严重侵犯了农民的农业保险权益，阻碍了乡村振兴战略的实施。

我国政策性农业保险是准公共物品，按照“政府引导、市场运作、自主自愿、协同推进”的基本原则努力实现补贴有效率、产业有保障、农民得实惠、机构可持续的多赢格局，为乡村振兴和脱贫攻坚服务。但是在农业保险高质量发展的进程中，农户与保险公司之间的农业保险合同纠纷数量呈现爆炸式增长。根据中国裁判文书网公布的 2013 年至 2019 年审结的案件数据显示，2013 年只有 1 起农业保险合同纠纷，到 2016 年纠纷数量达到 122 件，3 年间诉讼纠纷增长了 121 倍，而 2018 年诉讼案件达到了 323 件，是 2016 年纠纷数量的约 3 倍。因此，如何通过监管制度的完善与创新有效预防农业保险合同纠纷的群体性诉讼、充分保护农业生产者的合法利益、全方位监管农业保险合法合规经营，是促进农业保险高质量发展、稳定农民收入、防控农民因灾致贫与返贫、保障国家粮食安全、服务乡村振兴战略的核心议题。

1.2　研究综述

学者对农民农业保险权益保障的研究主要从政策保障、制度保障、司法保障三个维度展开。其中，以农业保险政策保障视角的研究成果较为丰富，以监管制度保障农民权益的研究尚属于初级阶段，而以司法保障视角研究农业保险权益的

① 参见中国农业科学院农业信息研究所、太安农业保险研究院：《中国农业保险保障研究报告 2020》，2020 年 8 月，第 4 页。

文献寥寥无几。

在政策保障研究领域，高凯等学者研究发现，除了自然条件、经济结构、社会分工等因素影响各省农业保险发展水平外，各个省份对农业保险的功能定位和政策差异是影响各省农业保险权益差异的重要因素。① 郑军、朱京以7家保险公司在2009—2017年的面板数据为基础，运用DEA—Malmquist指数评价法分析后认为，中央实施的差异化保费补贴政策和互联网等技术在农业保险业务领域的应用为农业保险监管提供了合理的政治环境和稳固的技术支撑，为农业保险服务“三农”和保障农民权益提供了良好的治理基础。② 朱蕊、江生忠学者结合我国现行的贫困标准，以农村居民人均收入为主要因素构建FGT贫困指数，利用2010—2016年全国各省的面板数据进行门限模型分析后认为，农业保险扶贫效果受制于经济发展水平，中央和地方差异化的农业保险财政补贴政策具有显著的正向扶贫作用。③ 郭军、谭思、孔祥智利用2015年北方6省12县种植业保险的调研数据，基于渗透度、使用度和效用度的指标体系，采用信息熵法和排斥度测算方法对各省份的农业保险排斥程度进行了回归分析和Oaxaca—Blinder方法测算，提出各省均存在不同程度的农业保险排斥，而农业保险政策对农业保险产品的定价、补贴范围和力度、宣传效果对农民权益的影响最大。④ 张小东、孙蓉以2007—2012年全国31省份的面板数据为样本，按照聚类分析的思想即农业保险对农民农业经营收入影响程度的差异性，将31个省份划分为6个区域，分析后认为除北京地区因特殊因素影响外，较早获得中央财政农业保险补贴政策支持和重视农业保险发展和农民权益保障的省份，农业保险对农民第一产业经营收入的贡献度更大，对稳定和增加农民收入具有非常重要的政策作用。⑤ 谢小弓提出要

① 参见高凯、丁少群、王信：《我国农业保险发展的省际差异性及其形成机制研究》，载《保险研究》2020年第4期，第63页。

② 参见郑军、朱京：《农业保险监管效率对乡村振兴战略的影响》，载《西南林业大学学报(社会科学)》2020年第4期，第44页。

③ 参见朱蕊、江生忠：《我国政策性农业保险的扶贫效果分析》，载《保险研究》2019年第2期，第59页。

④ 参见郭军、谭思、孔祥智：《农户农业保险排斥的区域差异：供给不足还是需求不足——基于北方6省12县种植业保险的调研》，载《农业技术经济》2019年第2期，第95~96页。

⑤ 参见张小东、孙蓉：《农业保险对农民收入影响的区域差异分析——基于面板数据聚类分析》，载《保险研究》2015年第6期，第70页。

在农业保险政策制定中引入“适合度准则”，根据每个地区的特点制定不同的费率、补贴标准等政策，以改变现在我国农业保险政策区域适合度考虑不足的情况，以政策的个性化服务提升农民农业保险权益的总量。①

在制度保障研究领域，通说认为农业保险监管制度执行效果低下导致的理赔难、保险欺诈等损害农户保险权益的问题会使农户投保农业保险的信心大幅降低，② 因此，提高监管制度对农业保险权益的保障力度是维持农业保险行业健康发展的基础和关键。庹国柱教授认为，需要对宏观上直接干预或间接影响农业保险市场活动和市场规则的行为，微观上干预农业保险承保和理赔活动及损害被保险人和保险人利益的行为，以各种方式和手段套取财政补贴资金的行为进行有效监管，以保障保险人和被保险人的权益。③ 焦清平认为，在宏观上需要对农业保险的政策、农业保险机构、保险险种、保险费率、保费补贴比率等进行监管，在微观上需要对农业保险机构的经营行为、政府扶持行为的效率及投保农户道德风险和逆选择的问题开展监管，从政府、市场、用户三维角度展开全方位的立体监管，以全面保障农民的农业保险权益。④ 周文娟、徐黎明提出，为了解决监管失灵问题，需要以“监管治理”理念构建新的农业保险监管机制。新机制要明确政府监管机构的权力边界和监管程序，构建保险人和被保险人参与监管的路径，从而提高监管效率和监管透明度，促进农业保险权益保障的程度，进而促进农业保险高质量发展。⑤ 刘福星、贺娟、陶建平基于湖南省浏阳市金刚镇443户农户的微观调研数据研究认为，社会信任、社会网络、社会互动共同影响农业保险权益。其中，社会信任对农户的农业保险权益影响最大，即农户如果相信农业保险

① 参见谢小弓：《论保险监管法律中的“适合度准则”对农业保险的作用》，载《暨南学报(哲学社会科学版)》2015年第2期，第122页。

② 参见周文娟、徐黎明：《我国农业保险监管中的利益冲突与平衡》，载《中州学刊》2016年第5期，第90页。

③ 参见庹国柱：《论政策性农业保险监管的特点和需求》，载《中国保险》2013年第9期，第24页。

④ 参见焦清平：《农业保险监管机制探析——以甘肃省为例》，载《甘肃金融》2017年第4期，第5页。

⑤ 参见周文娟、徐黎明：《我国农业保险监管中的利益冲突与平衡》，载《中州学刊》2016年第5期，第90页。

监管制度能够保障自身的农业保险权益，农户的农业保险购买意愿和信任度将更高。①

在司法保障研究领域，高恩胜学者基于四川省规模以上养殖企业的数据，运用实证分析法研究认为，农户通过诉讼方式维护农业保险权益的诉讼成本支出显著影响养殖企业购买农业保险的意愿。当司法维权的经济成本和时间成本超出农户承受能力和预期后，即使农户最终胜诉，农户也认为农业保险权益没有得到及时保障，抑制农户继续购买农业保险的意愿，不利于农业生产的长期可持续发展。② 王素通过比较美国农业保险的《虚假申报法案》《农业保险改革法》《农业风险保障法》和分析美国农业保险反欺诈的法律审查机制及相关法律责任，建议我国借鉴美国成功的经验完善现有的法律救济体系及推进反欺诈法律审查技术的发展，以更好地保障农民的农业保险权益。③ 龚伟、周明帅分析美国的《2000年农业风险保护法案》和《虚假申报法案》中设置的法律审查机制、民事和刑事救济措施后认为，我国可以借鉴美国应对农作物保险欺诈行为的法律治理措施，通过建立权威的监管机构、完善现有的法律救济措施等来实现对农业保险欺诈的有效治理，最终保障农民的保险权益及促进农业保险行业的健康发展。④ 何文强分析美国对非服从性程序和欺诈进行惩罚的制度和赔款的双重约束制度等后认为，惩罚和赔款是农业保险反欺诈、滥用和浪费的最关键法律保障措施。我国应借鉴美国的司法措施来抑制农业保险欺诈，保障国家财政补贴的有效性及保障农户农业保险权益。⑤

① 参见刘福星、贺娟、陶建平：《社会资本、农户素养与农险购买意愿分析》，载《调研世界》2020年第7期，第58页。

② 参见高恩胜：《诉讼成本、财政支农与农业保险——基于规模以上农村养殖企业的实证检验》，载《四川农业大学学报》2020年第1期，第120页。

③ 参见王素：《美国农业保险反欺诈法律机制及其启示》，载《世界农业》2017年第10期，第94、98页。

④ 参见龚伟、周明帅：《农业保险欺诈及其法律治理——美国经验和启示》，载《求索》2016年第5期，第61页。

⑤ 参见何文强：《美国农业保险监管的法制化及其对我国的启示——以反欺诈、滥用和浪费为中心》，载《甘肃社会科学》2008年第6期，第112页。

1.3 研究方法与数据来源

1.3.1 研究方法

1. 法学方法论与经济学理论相结合

本书以法学方法论为基本理论指导研究农业保险合同民事诉讼与农业保险诈骗刑事诉讼对农民农业保险权益的影响因素及法律制度解决路径，以新制度经济学理论为框架研究与农业保险相关的法律、监管制度、政策对农业保险活动的影响方式与制度变迁路径。

2. 定量分析法与案例研究法相结合

本书运用回归模型和统计法分析影响农业保险合同民事诉讼的关键因素及影响程度，研究农民保险权益司法保障的障碍因素；运用案例研究法厘清农业保险合同民事诉讼的主要争议焦点、判决理由及判决结果，研究现行农业保险管理制度的漏洞；运用案例研究法梳理农业保险诈骗刑事诉讼的诈骗方式与手段，区块链电子数据证据能力问题，探究支撑农业保险监管制度变迁的技术应用方向。

3. 爬虫技术法与调查访问法相结合

本书运用网络爬虫技术抓取中国裁判文书网公布的所有审结的农业保险合同诉讼民事案件和农业保险诈骗的刑事案件裁判文书，运用问卷调查和实地访问法在典型地区向农业保险管理机构和监管机构、保险公司、农户①获取农业保险监管、业务经营、承保理赔等情况，以实证数据和真实案例支撑本书的农业保险监管制度理论研究。

1.3.2 数据来源

本书的数据主要来源于三个方面：第一，中国裁判文书网公布的所有审结的农业保险合同民事诉讼及农业保险诈骗刑事诉讼裁判文书上提取的各类信息和数据；第二，通过问卷调查和实地访问获取的各地区农业保险管理和监管数据、农

① 为方便论述，本书的“农户”泛指农民、家庭农场、新型合作社、农业企业等从事农业生产的各类主体。

业保险业务数据、被保险人的各类信息和数据等；第三，国家统计局、农业农村部、财政部等机构发布的宏观数据。

1.4 主要创新

1.4.1 从农业保险权益保障视角进行农民权益保障研究的思路

农业保险权益是农民权益的重要内容，农业保险权益的保障关系到农民收益保障、农业现代化和乡村振兴战略的实施。目前，从法治乡村建设框架下的农业保险权益保障视角进行农民权益保障的研究文章不够充分，且内容多集中于定性研究和个案分析。本书通过农业保险合同诉讼的定量分析揭示农民权益保障的不足与应对策略，在研究视角上具有创新性。

1.4.2 从乡村纠纷化解机制视角进行法治乡村建设研究的思路

法治乡村建设要系统治理、依法治理、综合治理、源头治理，但乡村纠纷化解机制的源头治理研究还有待完善和健全。本书对农业保险纠纷化解机制建设的研究是从源头阶段解决农民与保险公司的纠纷，规范农业保险权益诉求表达通道，健全乡村矛盾纠纷化解建设机制，使乡村法治可信赖及农民权利有保障。

1.4.3 从农业保险司法保障的视角完善农业保险监管制度的思路

本书对农业保险合同民事诉讼结果的关键因素及影响程度的实证研究、对农户和保险公司在司法诉讼中主要争议焦点的案例研究，对农业保险诈骗刑事诉讼的诈骗方式和手段的案例研究，挖掘诉讼中农户保险权益保障不足体现的农业保险管理制度和监管制度问题，探究《农业保险条例》和监管制度的完善与创新方案，在研究内容上具有创新性。

第2章 政策性农业保险监管制度现状与问题

2.1 农业保险监管制度的现状

2.1.1 农业保险监管概述

1. 农业保险的监管对象

政策性农业保险具有准公共产品的属性，因此对农业保险的监管，不仅包括经营农业保险业务的保险公司和投保者农户，还包括提供财政补贴资金的各级人民政府。农业保险的监管由中国银保监会负责，监管对象包括地方政府、政策性农业保险经营组织、投保农户。《农业保险条例》(以下简称《条例》)第4条规定："国务院保险监督管理机构对农业保险业务实施监督管理。国务院财政、农业、林业、发展改革、税务、民政等有关部门按照各自的职责，负责农业保险推进、管理的相关工作。"依据《条例》全文内容判断，银保监会只负责监管保险机构和投保农户的业务，并不包括各级政府干预农业保险业务经营的行为和农业保险财政补贴资金的行为。因此，本书从农业保险合同民事诉讼和农业保险诈骗刑事诉讼两个方面分别分析农业保险业务的违法问题，进而探究农业保险监管制度的完善方案。

2. 农业保险的监管理念

依法监管理念。银保监会的农业保险业务监管是政府职能的一部分，具有制度性、强制性、程序性、稳定性、持续性、一惯性和权威性的特点。① 依法监管不仅是依法治国和依法行政的基本要求，更是维护法律法规的权威性、公正性、公平性的内在要求。监管农业保险经营中的不规范问题时，首先要求监管机构、

① 参见邓义、陶建平：《中国农业保险监管研究》，科学出版社2017年版，第125页。

监管模式、监管行为、监管内容符合法律法规的要求，做到依法行政，体现农业保险监管的合法性、规范性和引导性。①

协同监管理念。《条例》第 4 条规定，“国务院财政、农业、林业、发展改革、税务、民政等有关部门按照各自的职责，负责农业保险推进、管理的相关工作。财政、保险监督管理、国土资源、农业、林业、气象等有关部门、机构应当建立农业保险相关信息的共享机制”。《指导意见》第 2 条第 4 款也明确指出“协同推进，加强协同配合”的要求，统筹兼顾新型农业经营主体和小农户，共同推进农业保险工作。《条例》第 16 条再次提出“强化协同配合”的要求，由财政部牵头，会同中央农办、农业农村部、银保监会、国家林草局等部门成立农业保险工作小组，形成工作合力、统筹规划、协同推进农业保险工作。

动态监管理念。农业保险监管分为静态监管和动态监管。一般而言，静态监管注重对农业保险业务的结果监管，属于事后监管。动态监管注重对农业保险业务的过程监管与结果监管，属于事中和事后监管的结合。在我国，由于在监管过程中较少运用科技，目前监管主要实行的是静态监管，暴露出监管不足、监管缺位、监管空白等诸多问题。在大多数保险机构经营农业保险业务中已经实现了数字化、智能化、系统化的在线投保、承保、合规、理赔等情况后，监管机构也应当与时俱进，由静态监管为主转向以动态监管为主，实现风险管理、风险评估、结果监督的动态监管。

科技监管理念。对农业保险业实施有效监管是政策性农业保险管理工作的核心。随着农业保险机构数量的不断增多，农业保险业务种类和业务范围不断扩大，农业保险监管的任务日趋繁重。传统的监管方式不仅效率低下，更存在监管滞后的严重问题，农业保险重复投保、虚假投保、虚假理赔、套取财政补贴资金等违法行为屡禁不止。在大数据技术、3S(遥感 RS、地理信息系统 GIS 和全球定位系统 GPS，统称 3S)、物联网(电子耳标、电子项圈等)、无人机、猪脸/牛脸识别系统、AI(人工智能)等技术的支撑下，开展“按图”和“数量”的精准承保及理赔模式，可以有效规避甚至彻底消除虚假/重复投保、虚假理赔、财政补贴资金去向不明的违法违规风险，实现自动、快速、高效、准确的实时监控，从事后

① 参见焦清平：《农业保险监管机制探析——以甘肃省为例》，载《甘肃金融》2017 年第 4 期，第 6 页。

监管向事前和事中监管转变，提高其监管的及时性和有效性。

2.1.2　农业保险监管制度概述

在我国目前还没有专门的法律规制农业保险业务经营，而是由《合同法》(2021 年由《民法典》第三编“合同”)和《保险法》规制农业保险经营中保险机构和农户投保人的民事纠纷，由《刑法》的诈骗罪和贪污罪等罪名规制农业保险欺诈行为和骗取财政补贴资金行为。在制度方面，主要有《农业保险条例》《农业保险承保理赔管理暂行办法》对农业保险业务的具体开展进行管理和监督。

在民事纠纷中，投保农户与保险机构的纠纷集中于农业保险合同的有效性、理赔协议的有效性、免责条款的效力、事实认定等方面，主要依据《合同法》(2021 年由《民法典》合同编通则条款)和《保险法》第 16 条至第 18 条、第 30 条解决上述纠纷。在农业保险业务中存在诈骗、贪污行为构成犯罪的，主要由《刑法》第 266 条诈骗罪和第 382 条贪污罪进行规制。

对农业保险业务进行监管的《农业保险条例》由国务院在 2012 年颁布，于 2013 年 3 月 1 日正式实施，结束了农业保险长期无法可依的局面，确立了基本的农业保险制度框架和基本的规则体系，标志着农业保险进入规范化、法治化发展的新阶段。经过 3 年的实施与评估，《条例》于 2016 年 6 月修订，对监管主体、监管对象、监管内容等作出原则性规定，但至今未出台相关的实施细则或操作性规定。《农业保险承保理赔管理暂行办法》对投保、承保、核保、收费出单、报案、查勘定损、理赔公示、赔款支付等业务作出具体的规定。该暂行办法自 2015 年 4 月 1 日起施行，实施期限为 3 年。尽管暂行办法已经失效，但还未有新的相关规定出台继续规范农业保险的业务经营活动。

2.2　农业保险监管制度存在的问题

2.2.1　监管机制不顺畅，未形成监管合力

《条例》虽然规定由财政部牵头，会同中央农办、农业农村部、银保监会、国家林草局等部门成立农业保险工作小组，形成工作合力、统筹规划、协同推进

农业保险工作。但是自2013年《条例》出台以来，由于缺乏相应的实施细则，不利于多部门对农业保险进行协调管理，缺乏系统性监管，执法力度强弱不一，削弱了监管的权威性和针对性。各部门协同工作的常态机制并未形成，各部门根据各自的职责范围进行分散性、断点式的监管，形成多头监管的格局。① 各部门之间常态化协作机制的缺乏导致至今未形成强劲的监管合力，影响了监管的全面性和效能性。由于监管机制的不顺畅，有些地方为了完成"广覆盖、低保障"的任务，违反《条例》规定的"自主自愿"投保原则，强制农户投保，进行违规操作。②

2.2.2 监管理念不适宜，未实现动态监管

《条例》只体现了协同监管的理念和倡议信息共享的机制，并未对监管理念作出规定。目前，财政部、农业农村部、银保监会等相关政府部门在各自的职权范围内行使散点式监管，仍然以静态监管为主，以承保理赔业务的合规性检查为主要内容，监管理念的滞后导致监管流于形式，农业保险风险管理能力较弱，没有发挥监管对农业保险经营合法化和合规化的引导作用。③ 监管理念的滞后使违法违规行为发现的概率较低，导致骗取财政补贴资金、重复投保/虚假投保、虚假理赔/协议理赔等违法违规行为屡禁不止。

2.2.3 监管内容不明确，未达致监管预期

《条例》内容缺乏对相关主体权利义务关系的明确规定，对各级政府及各部门推进农业保险工作的职责和边界规定不明，对监管细则和经营规则内容均原则性或倡导性规定，缺乏详细、具体和可操作性的配套措施或操作规范，导致各地政府参与管理的方式、内容和深度程度不同，监管机构的监管标准不一、监管程

① 参见焦清平：《农业保险监管机制探析——以甘肃省为例》，载《甘肃金融》2017年第4期，第7页。

② 参见丁少群、张艳：《农业保险的政策效果需要监管护航》，载《中国保险》2014年第8期，第23页。

③ 参见焦清平：《农业保险监管机制探析——以甘肃省为例》，载《甘肃金融》2017年第4期，第7页。

序不同、监管效果差异较大，出现监管缺位、监管越位、监管空位、监管滞后等现象。① 法治理论认为，权力的"知止"无法靠权力者自律实现，权力边界应通过法律法规这类外在的力量进行约束和划定。②

例如，在农业保险业务招投标的监管上，有些省份的财政部门和银保监部门相互推诿或争先监管，给保险机构违法违规操作留存了操作空间。③ 在层级监管上，省级、市级、县级农业保险招投标同时共存，政府在分配农业保险市场资源存在乱象，导致竞争无序，直接影响了农业保险行业的健康发展。同时，监管内容不明确导致保险机构与政府部门进行博弈，政府在灾小的年份让保险机构多赔款，在灾大的年份少赔款，使协议赔付和封顶赔付成为普遍现场，虚假投保、重复投保、虚假理赔现象层出不穷。④

2.2.4　监管方式不适应，未实现精准监管

参保农业保险的投保人大多数是农户，投保户数多且分散在地域辽阔的广大农村。传统的监管方式主要靠人力完成文件审查，靠人力不定期到承保标的物所在地进行实地调查和现场抽查等，因此，受制于监管机构设置和监管人员数量，较少运用现代科技方式进行事中过程检查和人工智能合规查验，财政补贴资金流向追踪难度较大，监管效果不理想。⑤

经营农业保险业务的保险机构已经完成数字化、在线化、智能化变革，解决了农业保险行业长期存在的谁投保、投保标的在哪里、标的损失是多少、赔给谁

---

① 参见庹国柱：《论政府在农业保险制度中的责任和行为》，载《中国保险》2020 年第 1 期，第 13 页；冯文丽、苏晓鹏：《农业保险助推乡村振兴战略实施的制度约束与改革》，载《农业经济问题》2020 年第 4 期，第 83 页。

② 参见庹国柱、朱俊生：《完善我国农业保险制度需要解决的几个重要问题》，载《保险研究》2014 年第 2 期，第 52 页。

③ 参见庹国柱：《论农业保险监管制度的建设和改革》，载《农村金融研究》2020 年第 3 期，第 5 页。

④ 参见庹国柱、李慧：《完善我国农业保险制度的一些思考》，载《中国保险》2019 年第 2 期，第 11 页；冯文丽、苏晓鹏：《农业保险助推乡村振兴战略实施的制度约束与改革》，载《农业经济问题》2020 年第 4 期，第 85 页；庹国柱：《论政策性农业保险监管的特点和需求》，载《中国保险》2013 年第 9 期，第 24 页。

⑤ 参见焦清平：《农业保险监管机制探析——以甘肃省为例》，载《甘肃金融》2017 年第 4 期，第 7 页。

的难题，部分地区的业务实现了承保精确化、定损精确化、理赔精确化。农业保险科技贯穿于农业保险经营体系的全流程，通过新技术应用实现一套完整的数字化农业保险客户信息管理体系、标的信息管理体系、风险管理体系和互联网+金融管理体系，实现从投保、核保、支付签单到保全退保的全流程在线智能化自助服务；通过全新的商业智能分析平台，逐步实现以科技手段完成精准承保、理赔，提升农户的保险体验，提升农业保险业务合规经营和风险控制水平。但是，政府部门的监管方式并未与保险机构的业务流程变革与时俱进，至今未能实现精准监管。

2.2.5 监管基础不牢固，未实现信息共享

当前农业保险监管面临的一大障碍是农业、气象、国土、价格、保险等基础信息未实现共享，存在严重的信息壁垒。虽然卫星遥感、人工智能、区块链、大数据、云计算等科技信息技术的发展使各项数据的精确测量和及时收集、上传成为可能，但是政府各个管理机构、监管机构、保险公司、被保险人之间依然存在严重的信息壁垒，仍未实现农业保险大数据的共享和共建，阻碍监管的有效性和及时性。

一是政府部门之间的信息壁垒。农业、气象、国土、保险、财政等信息分别存储于不同的政府部门，目前还未建成农业保险大数据供各管理部门和监管部门共享，因此农业保险监管存在片面性，为重复投保、虚假投保、虚假理赔等行为提供了操作空间。二是政府部门与保险机构之间的信息壁垒。政府部门掌握的土地、农户、保险等信息未提供给保险机构，在多家保险公司竞争展业的地方，给重复投保和骗取财政补贴资金的行为留存了发展空间。

2.2.6 权利配置不合理，未设置权利救济通道

《条例》设置的均是保险机构和投保人农户的义务，未有条款说明当保险人和被保险人，尤其是处于弱势地位的投保人农户应当享有的农业保险权利，也未给农户设置便利的权利救济通道。当农户的保险权益受到侵害时，例如，当农户遇到强制投保、协议赔付、封底赔付时，基于经济、学识、能力等限制，农户大多时候只能忍气吞声，影响农户投保的积极性和农业保险惠农政策的落实。

当个别地方的保险机构利用他人名义虚假投保以套取财政补贴资金，基层政府截留保险公司给受灾农户的赔款，地方政府亲自或者通过中介机构垄断和分配农业保险市场资源侵害投保农户保险利益时，未有便捷、快速的通道使农户进行权利救济；当投保农户和保险公司在承保、定损、理赔等环节发生严重分歧时，未有经济、高效、权威的纠纷解决通道进行权利救济。① 虽然投保农户可以通过仲裁或诉讼的方式进行农业保险权利救济，但司法救济的经济成本、时间成本、人力成本使大多数农户望而却步。

① 参见庹国柱、朱俊生：《完善我国农业保险制度需要解决的几个重要问题》，载《保险研究》2014 年第 2 期，第 51~52 页。

第3章　农业保险合同诉讼焦点之一：诉讼结果实证分析

农业保险作为分散农业生产者遭受的自然灾害风险和意外事故风险的重要手段，对保障农民基本收益和精准扶贫具有非常重要的支撑作用，也是法治乡村建设的重要一环。中央财政自2007年开始实施农业保险保费的补贴政策以来，险种的补贴种类和补贴比例均有不同程度的增加，全国农业保险得到快速发展。目前，我国农业保险的保费规模已经仅次于美国，居于全球第二，稳居亚洲第一。① 但是，在农业保险向"提标、扩面、增品"的高质量发展进程中，农民与保险公司之间的农业保险合同纠纷数量呈现爆炸式增长态势。面对如此快速增长的农业保险合同纠纷诉讼，如何在争议前有效预防农业保险合同纠纷的群体性诉讼，在诉讼中充分保护农业生产者的合法保险利益，在诉讼后完善农业保险行业的监管制度，是保持农业保险市场健康平稳发展、维护参保农民合法利益、助推法治乡村建设的核心议题。

本书以中国裁判文书网公布的2013年至2019年间572件农业保险合同纠纷案件、共计916份裁判文书为研究对象，在动态平衡诉讼理论框架下运用Logistic模型和多元线性回归模型分析影响农民一审诉讼判决结果的核心因素，运用统计法分析二审案件的上诉率和改判率。

---

① 参见庹国柱、朱俊生：《完善我国农业保险制度需要解决的几个重要问题》，载《保险研究》2014年第2期，第44页。

3.1 农业保险合同诉讼的理论基础

3.1.1 动态平衡诉讼理论

动态平衡诉讼观首先由刑事诉讼理论提出及发展，目的是解决刑事诉讼中犯罪惩罚与保障人权的平衡、实体公正与程序公正的平衡、客观真实与法律事实的平衡、诉讼公正与诉讼效率平衡等问题，以达到在法律效果的前提下考虑社会效果的目标，最终使法律效果与社会效果达致动态平衡。① 经过数十年的发展，动态平衡诉讼观由刑事诉讼领域逐渐应用到行政诉讼和民事诉讼活动，在克服"法律工具主义""法律万能主义""法律单边主义"倾向的同时，倡导法律与多元主义的互动平衡，实现权力、权利与义务、责任的动态平衡。动态平衡理论倡导国家法与地方法的平衡、国家法与民间法的动态平衡、权力与权利的互动平衡、权利与权利的互动平衡、权利与义务的互动平衡、法律效果与社会效果的动态平衡，以推动协同和包容的法律治理精神与社会治理精神。②

3.1.2 动态平衡诉讼理论在农业保险合同诉讼中的适用

政策性农业保险是"准公共产品"，因此政策性农业保险合同诉讼不仅仅适用民事诉讼中的当事人主导型诉讼模式，还需兼顾农业保险投保与保险事故的群体性特点、农业保险补贴的行政区域差异性、农业生产的地域性特点，体现国家法与民间法、国家法与地方法、权利与权利、法律效果与社会效果的动态平衡。

1. 原告类别与被告保险公司体现民间属性的差异。农民散户、农业专业合作社、家庭农场、公司的原告类别代表着各自属性及不同的理性经验。原告类别经验理性的差异会影响提起农业保险合同诉讼的能力与意愿。而不同保险公司的组织章程、管理制度、业务流程、绩效考核制度等存在不同程度的差异，影响其在农业保险合同应诉中的举证能力。

① 参见陈光中：《动态平衡诉讼观之我见》，载《中国检察官》2018 年第 13 期，第 4~5 页。

② 参见曹诗权：《法治体系建设的开放包容与衡平——基于动态平衡诉讼理论的思考》，载《中国检察官》2018 年第 13 期，第 13~14 页。

2. 诉争所在地省份体现农业保险政策的区域差异。自农业保险保费补贴政策实施以来，各个省份在行政区域内实施的补贴险种、财政资金补贴方式、补贴力度、保险公司竞争经营方式等政策均存在差异。因此，不同省际行政区域间的政策差异性使农业保险合同的投保和承保，受灾后的查勘定损等存在差异。

3. 律师辩护体现权利与权利的对抗性。农业保险合同利益的多元化、碎片化、不确定等因素使农民权利与保险公司权利出现矛盾与冲突。农民是否聘请律师进行辩护以对抗被告保险公司的人才优势和资金优势，影响农民权利是否能最大限度地得到司法的保护。

4. 保险标的物种类体现社会生产差异性。农业生产受自然条件和社会经济条件的制约呈现一定的农业地理区域。特定区域内的农业生产者会根据长期农业传统及特定农业生物的生长优势进行种植或养殖，因此保险标的物的差异体现出农业风险的差异和查勘定损标准的差异，进而不同程度影响农民与保险公司之间的理赔与诉讼。

3.2 数据来源与研究方法

3.2.1 数据来源与变量描述

本书研究的农业保险合同诉讼数据来自中国裁判文书网公布的全部572起审结案件，共计916份裁判文书，涉及11个省(自治区、直辖市)和25个市。根据动态平衡诉讼理论，从所有裁判文书中提取每起案件原告类别、原告是否聘请律师、被告保险公司、诉争所在地省份、标的物种类、一审原告诉讼请求金额、一审法院判决支持金额、原告是否胜诉、当事人是否上诉、二审是否改判、二审改判后支持金额等数据。有关样本数据的描述性统计详见表3-1和表3-2，有关变量的解释如下：

1. 原告类别。根据司法裁判文书显示，我国农业保险合同诉讼的原告分为个人、家庭农场、公司、农业专业合作社四类。原告类别的不同表示原告主体在签订农业保险合同时的专业性和提起诉讼的资金支持程度存在差异。一般而言，由于有限理性与信息不对称因素、投保标的物规模与资金因素的限制，相较于农业生产者的散户（农民个人），公司在签订农业保险合同时具有较强的议价能力和较高的专业性，在发生理赔纠纷时具有较强的协商能力，在提起诉讼时拥有更雄厚的资金支持。①

2. 原告是否聘请律师。在我国以“审判为中心”的诉讼制度中，农业保险合同诉讼具有非常强的证据性和辩护专业性特征，律师的诉讼策略与辩护方法往往影响案件的胜诉率及法院可支持的诉讼请求金额。② 因此，原告是否聘请律师作为模型分析的关键变量。

3. 被告保险公司。在所有农业保险合同诉讼中，共有8家保险公司被列为被告。区分被告是为了分析不同保险公司对原告的胜诉率、法院支持的诉讼请求金额是否有显著影响。

4. 诉争所在地省份。农业保险合同诉讼实行被告所在地或保险标的物所在地的管辖权原则，且具有应诉资格的保险公司所在地和农民投保的标的物所在地为同一省份。因此，模型以诉争所在地省份为变量，分析案件的判决结果在不同省份是否具有显著差异。

5. 标的物种类。本书根据保险标的物的特性，将农业保险合同诉讼涉及的梨树、桃树、樱桃树、苹果树标的物归类为果树，将小麦、棉花籽、食用菌、葵花籽、玉米、花生、香蕉、宁前胡、水稻、油菜籽、油菜、大豆标的物归类为播种作物，将蛋鸡、育肥猪标的物归类为禽类，将温室大棚标的物归类为农机设备，以分析不同保险标的物对判决结果是否有显著影响。

6. 一审原告诉讼请求金额。本书只统计原告提出的保险赔偿金的诉讼请求额，剔除案件诉讼费、误工费、交通费、鉴定费等与农业保险赔偿金无直接关系的款项，以专注于研究农业保险的理赔金额。另外，农业保险合同纠纷的再审案件共有4起，作为一审数据进行统计分析。

---

① 参见朱慈蕴、沈朝晖：《不完全合同视角下的公司治理规则》，载《法学》2017年第4期，第151页。

② 参见林遥：《民商事类型化案件要素式审判机制研究——以C市法院民事庭审优质化改革情况为样本分析》，载《法律适用》2018年第15期，第135页。

7. 一审法院判决支持金额。本书只统计一审法院判决支持的农业保险赔偿金数额，剔除诉讼费、误工费、交通费、鉴定费等与农业保险赔偿金无关的款项。在有些案件中，虽然保险公司在诉讼前已经支付了一部分农业保险赔偿金，但仍然按照一审法院判决支持的赔偿金总额进行统计。

8. 一审原告是否胜诉。在判断一审原告是否胜诉时，并非以一审法院判决支持的金额是否大于原告提出的诉讼请求金额为标准，而是以一审法院判决支持金额是否大于诉讼前保险公司同意赔偿给原告的金额为标准。因此，只要原告因诉讼而获得更多的农业保险赔偿金即为胜诉。

9. 二审改判后支持金额。诉讼当事人不服一审法院判决结果选择上诉后，统计的二审法院判决结果分为两种情况。(1)二审法院维持原判、驳回上诉；(2)二审法院改变一审判决。若二审法院改判，统计二审法院改判后支持的农业保险赔偿金数额。

表 3-1　　样本定性数据的描述统计表

变量	观测值	变量赋值	频数(个)	频率(%)
Plaintiff (原告类别)	572	个人=1(参照组)	559	97.73%
		家庭农场=2	2	0.35%
		公司=3	6	1.05%
		合作社=4	5	0.87%
Lawyer (聘请律师)	572	原告未聘律师=0	33	5.77%
		原告聘请律师=1	539	94.23%
Defendant (被告保险公司)	572	安华农业保险公司=1(参照组)	18	3.15%
		北部湾财产保险公司=2	3	0.52%
		中国人民财产保险公司=3	357	62.41%
		中国人寿财产保险公司=4	1	0.17%
		中国太平洋财产保险公司=5	3	0.52%
		中航安盟财产保险公司=6	96	16.78%
		中华联合财产保险公司=7	93	16.26%
		国元农业保险公司=8	1	0.17%

续表

变量	观测值	变量赋值	频数(个)	频率(%)
Province (诉争所在地省份)	572	吉林=1(参照组)	113	19.76%
		北京=2	11	1.92%
		河北=3	95	16.61%
		山东=4	310	54.20%
		安徽=5	2	0.35%
		湖北=6	1	0.17%
		陕西=7	17	2.97%
		广西=8	9	1.57%
		黑龙江=9	2	0.35%
		内蒙古=10	11	1.92%
		新疆=11	1	0.17%
Type (标的物种类)	572	果树=1(参照组)	18	3.15%
		播种作物=2	548	95.80%
		禽类=3	4	0.70%
		农机设备=4	2	0.35%
Win (原告胜诉)	572	一审原告败诉=0	112	19.58%
		一审原告胜诉=1	460	80.42%
Appeal (上诉)	572	当事人未上诉=0	344	60.14%
		当事人上诉=1	228	39.86%
Change (二审改判)	228	二审维持原判=0	208	91.23%
		二审改判=1	20	8.77%

资料来源：中国裁判文书网公布的农业保险合同诉讼案件(2013—2019 年)

表 3-2　　**样本定量数据的描述统计表**

变量	观测值(个)	均值(元)	标准差	最小值(元)	最大值(元)
Claim1 (一审原告诉讼请求金额)	572	31171.9	224213	432	4400000

续表

变量	观测值（个）	均值（元）	标准差	最小值（元）	最大值（元）
Support1（一审法院判决支持金额）	572	26428.8	240690	0	4400000
Support2（二审法院改判后支持金额）	16①	574199.1	907151.5	702	3520000

资料来源：中国裁判文书网公布的农业保险合同诉讼案件(2013—2019 年)

3.2.2 分析方法

1. 估计一审原告胜诉几率比的 Logistic 模型。因变量为一审原告是否胜诉（Win），因此用 Logistic 模型估计一审原告胜诉的几率比。模型将一审原告是否聘请律师、原告类别、被告保险公司、诉争所在省、保险标的物种类作为自变量，分析各自变量对一审原告胜诉的影响力。Logistic 模型为：

$$P_i = \log\left(\frac{p_i}{1 - p_i}\right) = \alpha_0 + \beta_1 \text{Lawyer} + \varepsilon \tag{1}$$

$$P_i = \log\left(\frac{p_i}{1 - p_i}\right) = \alpha_0 + \beta_2 \text{Plaintiff 2} + \beta_3 \text{Plaintiff 3} + \beta_4 \text{Plaintiff 4} + \varepsilon \tag{2}$$

$$P_i = \log\left(\frac{p_i}{1 - p_i}\right) = \alpha_0 + \beta_2 \text{Defendant2} + \beta_3 \text{Defendant3} + \beta_4 \text{Defendant4} + \beta_5 \text{Defendant5} + \beta_6 \text{Defendant6} + \beta_7 \text{Defendant7} + \beta_8 \text{Defendant8} + \varepsilon \tag{3}$$

$$P_i = \log\left(\frac{p_i}{1 - p_i}\right) = \alpha_0 + \beta_2 \text{Province2} + \beta_3 \text{Province3} + \beta_4 \text{Province4} + \beta_5 \text{Province5} + \beta_6 \text{Province6} + \beta_7 \text{Province7} + \beta_8 \text{Province8} + \beta_9 \text{Province9} + \beta_{10} \text{Province10} + \beta_{11} \text{Province11} + \varepsilon \tag{4}$$

① 二审法院改判的案件共 20 起，但其中 4 个案件的二审判决书因当事人申请，法院不予公开判决书的具体内容。因此，二审法院改判后支持金额的样本只有 16 份。因本书未对二审法院判决支持金额做 Logistic 回归或多元线性回归，因此该部分数据的缺失不对本书的回归模型分析产生影响。

$$P_i = \log\left(\frac{p_i}{1 - p_i}\right) = \alpha_0 + \beta_2 \text{Type2} + \beta_3 \text{Type3} + \beta_4 \text{Type4} + \varepsilon \quad (5)$$

上述模型(1)~(5)中，P_i 为一审原告胜诉的几率比，Lawyer 为一审原告是否聘请律师，Plaintiff 为原告类别、Defendant 为被告保险公司、Province 为诉争所在地省份、Type 为保险标的物种类，ε 为随机干扰项。在类别自变量中，赋值为 1 的类别作为本组变量分析的参照组。

2. 估计一审法院判决支持金额的多元线性回归模型。一审法院判决支持原告诉讼请求的金额即为原告能从保险公司获得的保险赔偿金额，作为模型的因变量(Support1)。因律师在民事诉讼中的关键作用，将原告是否聘请律师作为核心自变量；一审原告提出的诉讼请求金额直接影响一审法院判决支持的金额，因此将一审诉讼请求金额也列为核心自变量。模型将原告类别、被告保险公司、诉争所在地省份、保险标的物种类作为控制变量，分别分析各个控制变量对法院判决金额的影响。模型采用稳健分析，以消除极端值对回归结果的影响。为使数据更好地拟合，模型对一审原告诉讼请求金额、一审法院判决支持金额取对数，具体模型如下：

$$\text{In\_Support1} = \alpha_0 + \beta_0 \text{Lawyer} + \beta_1 \text{In\_Claim1} + \varepsilon \quad (6)$$

$$\text{In\_Support1} = \alpha_0 + \beta_0 \text{Lawyer} + \beta_1 \text{In\_Claim1} + \beta_2 \text{Plaintiff2} + \beta_3 \text{Plaintiff3} + \beta_4 \text{Plaintiff4} + \varepsilon \quad (7)$$

$$\text{In\_Support1} = \alpha_0 + \beta_0 \text{Lawyer} + \beta_1 \text{In\_Claim1} + \beta_2 \text{Defendant2} + \beta_3 \text{Defendant3} + \beta_4 \text{Defendant4} + \beta_5 \text{Defendant5} + \beta_6 \text{Defendant6} + \beta_7 \text{Defendant7} + \beta_8 \text{Defendant8} + \varepsilon \quad (8)$$

$$\text{In\_Support1} = \alpha_0 + \beta_0 \text{Lawyer} + \beta_1 \text{In\_Claim1} + \beta_2 \text{Province2} + \beta_3 \text{Province3} + \beta_4 \text{Province4} + \beta_5 \text{Province5} + \beta_6 \text{Province6} + \beta_7 \text{Province7} + \beta_8 \text{Province8} + \beta_9 \text{Province9} + \beta_{10} \text{Province10} + \beta_{11} \text{Province11} + \varepsilon \quad (9)$$

$$\text{In\_Support1} = \alpha_0 + \beta_0 \text{Lawyer} + \beta_1 \text{In\_Claim1} + \beta_2 \text{Type2} + \beta_3 \text{Type3} + \beta_4 \text{Type4} + \varepsilon \quad (10)$$

上述模型(6)~(10)中，In_Support1 为一审法院判决支持金额的对数，Lawyer 为一审原告是否聘请律师，In_Claim1 为一审原告提出诉讼请求金额的对数、Plaintiff 为原告类别、Defendant 为被告保险公司、Province 为诉争所在地省份、Type 为保险标的物种类，ε 为随机干扰项。在类别自变量中，赋值为 1 的类别作为本组变量分析的参照组。

3.3 农业保险合同诉讼的数据分析结果

3.3.1 一审原告胜诉几率比与关键影响因素分析(2013—2019年)

1. 原告聘请律师可以显著增加胜诉几率。表3-3结果显示，一审原告聘请律师的胜诉几率是未聘律师的2.5倍，这充分说明民事诉讼程序是非常专业的法律适用过程，律师代理案件对农民权益的保障具有显著性。

2. 农民专业合作社的胜诉几率最低。表3-3结果显示，农民专业合作社类原告的一审胜诉几率竟然显著地比个人原告降低了94.2%①。在所有以农民专业合作社为原告的案件中，原告的胜诉率仅为25%②，这可能和合作社的管理模式有关。农民专业合作社存在着负责人“干部化”现象，混淆了合作社与基层组织的界限；治理结构形同虚设，缺乏有效的内外部监督；经营和管理水平低下等严重问题。③ 职责不清及管理不力导致合作社在保险理赔期间，没有及时在理赔结果公示期内向保险公司提出异议，也没有在诉讼有效期内提起诉讼，丧失了人民法院对保险权益的保护。④

3. 不同保险公司的胜诉几率具有显著差别。表3-3结果显示，相较于安华农险公司，以人保财险公司为被告的一审原告胜诉几率约是安华公司的4.3倍，而以中华联合财险公司为被告的一审原告胜诉几率比安华农险公司降低了99.6%⑤。在一审原告全部胜诉或全败诉的案件中，以北部湾财险公司、太平洋财险公司、中航安盟财险公司为被告的一审原告全部胜诉，而以人寿财险公司、国元农险公司为被告的一审原告全部败诉。⑥ 因此，不同保险公司在农业保险合

---

① 依据表3-3模型(2)的Plaintiff4系数计算，94.2%=1-0.058。

② 数据来源：中国裁判文书网公布的农业保险合同诉讼案件(2013—2019年)。

③ 参见郑丹、王伟：《我国农民专业合作社发展现状、问题及政策建议》，载《中国科技论坛》2011年第2期，第140页。

④ 参见陕西省定边县人民法院一审民事判决书(2018)陕0825民初507号；陕西省定边县人民法院一审民事判决书(2018)陕0825民初508号；陕西省定边县人民法院一审民事判决书(2018)陕0825民初509号；陕西省定边县人民法院一审民事判决书(2018)陕0825民初510号。

⑤ 依据表3-3模型(3)的Defendant7系数计算，99.6%=1-0.004。

⑥ 数据来源：中国裁判文书网公布的农业保险合同诉讼案件(2013—2019年)。

同诉讼中胜败率的较大差异侧面证明了不同保险公司在农业保险的经营方式和管理制度方面存在较大差别。

4. 农业大省的原告胜诉几率较高。表 3-3 结果显示，山东省的一审原告胜诉几率是吉林省的 14 倍，而北京、河北、陕西、黑龙江、内蒙古所在地的原告胜诉几率比吉林省至少降低了约 80%①。在一审原告全部胜诉或全败诉的案件中，安徽、湖北、新疆所在地的原告一审全部败诉，而广西的原告一审全部胜诉。②可以推断，农业大省的广西、山东、吉林更加倾向于保护农民的保险利益和重视农业生产。

5. 投保农机设备的原告胜诉几率最高，投保禽类的原告胜诉几率最低。表 3-3 结果显示，保险标的物为播种作物的一审原告胜诉几率与果树没有显著差异。但是，在一审原告全部胜诉或全败诉的案件中，投保禽类的一审原告全部败诉，投保农机设备的一审原告全部胜诉。③ 因此，不同的保险标的物对一审原告胜诉几率具有不同的影响。

表 3-3　　**估计一审原告胜诉几率比的 Logistic 模型数据④**

(1)		(2)		(3)		(4)		(5)	
变量	Win	变量	Win	变量	Win	变量	Win	变量	Win
Lawyer	2.509**	Plaintiff2	0.234	Defendant2	1	Province2	0.123**	Type2	0.242
	(0.949)		(0.332)		(omitted,1)		(0.101)		(0.251)
Constant	1.75	Plaintiff3	1.170	Defendant3	4.263**	Province3	0.002***	Type3	1
	(0.633)		(1.288)		(2.908)		(0.001)		(omitted,0)
		Plaintiff4	0.058**	Defendant4	1	Province4	14.306***	Type4	1
			(0.066)		(omitted,0)		(15.752)		(omitted,1)

① 依据表 3-3 模型(4)的 Province2/3/7/9/10 系数计算，降低的几率分别为：1−0.123=87.7%，1−0.002=99.8%，1−0.15=85%，1−0.046=95.4%，1−0.208=79.2%。

② 数据来源：中国裁判文书网公布的农业保险合同诉讼案件(2013—2019 年)。

③ 数据来源：中国裁判文书网公布的农业保险合同诉讼案件(2013—2019 年)。

④ 说明：(1)表 3-3 中变量的标准误显示为"omitted"时，说明该类别变量对应的一审判决结果是原告全部胜诉或全部败诉，因此在模型分析时剔除这部分数据。为使读者方便地阅读表格，作者在 omitted 后添加"0"表示一审原告全部败诉，"1"表示一审原告全部胜诉。(2)在类别变量分析中，将赋值为 1 的类别作为本组类别变量分析的参照组。

续表

(1)		(2)		(3)		(4)		(5)	
变量	Win	变量	Win	变量	Win	变量	Win	变量	Win
		Constant	4.274***	Defendant5	1	Province5	1	Constant	17***
			(0.461)		(omitted,1)		(omitted,0)		(17.493)
				Defendant6	1	Province6	1		
					(omitted,1)		(omitted,0)		
				Defendant7	0.004***	Province7	0.150***		
					(0.004)		(0.110)		
				Defendant8	1	Province8	1		
					(omitted,0)		(omitted,1)		
				Constant	5**	Province9	0.046**		
					(3.162)		(0.069)		
						Province10	0.208*		
							(0.189)		
						Province11	1		
							(omitted,0)		
						Constant	21.6***		
							(9.881)		
Observations	572		572		468		559		566

注：系数为几率比(OR 值)，括号里数字为标准误；***p<0.01，**p<0.05，* p<0.1(双尾检验)。

资料来源：中国裁判文书网公布的农业保险合同诉讼案件(2013—2019 年)

3.3.2 一审法院判决支持金额与关键影响因素分析(2013—2019 年)

1. 原告聘请律师可以显著提高保险赔偿金。表 3-4 结果显示，控制了诉讼请求金额后，一审原告聘请律师比不聘律师获得的一审判决金额增加了 36.75%①，律师的专业服务在农业保险合同诉讼中的作用具有显著效应。

2. 公司类原告获得的保险赔偿金最多。表 3-4 结果显示，家庭农场类原告获

① 依据表 3-4 模型(6)的 Lawyer 系数计算，$100*(e^{0.313}-1)\%=36.75\%$。

得的一审判决支持金额比个人原告高了约87%①，公司类原告获得的一审判决支持金额竟比个人原告高了244.53%②。这充分说明具有资金、人才、组织架构等优势的公司和家庭农场比农户个体更具有保险利益的保护优势。

3. 原告从保险公司获得的保险赔偿金具有显著差别。表3-4结果显示，相较于安华农险公司，原告以人保财险公司为被告获得的一审判决支持金额提高了40.78%③，而原告以北部湾财险公司、中航安盟财险公司、中华联合财险公司为被告获得的一审判决支持金额提高了至少137%④，原告以太平洋财险公司为被告获得的一审判决支持金额提高了386.47%⑤。单从一审法院判决支持金额分析，农民以法院诉讼方式从北部湾财险公司、中航安盟财险公司、中华联合财险公司、太平洋财险公司可以获得更多的农业保险合同利益。

4. 广西壮族自治区原告获得的保险赔偿金最多，陕西省最低。表3-4结果显示，以诉争所在地吉林省为参照，河北省、广西的原告比吉林省的原告获得的一审判决支持金额分别高了38.26%和67.70%⑥，但是山东省、陕西省、内蒙古自治区的原告比吉林省的原告获得的一审判决支持金额却分别低了41.20%、61.09%、31.06%⑦。相对而言，广西的原告获得的一审判决支持金额最高，而陕西省最低。

5. 投保种植作物和禽类的原告获得的保险赔偿金最低。表3-4结果显示，投保果树和农机设备的原告获得的一审判决支持金额没有显著区别，但是投保播种作物和禽类的原告却比投保果树获得的一审判决支持金额分别低了52.81%和

---

① 依据表3-4模型(7)的Plaintiff2系数计算，$100*(e^{0.627}-1)\%=87\%$。

② 依据表3-4模型(7)的Plaintiff3系数计算，$100*(e^{1.237}-1)\%=244.53\%$。

③ 依据表3-4模型(8)的Defendant3系数计算，$100*(e^{0.342}-1)\%=40.78\%$。

④ 依据表3-4模型(8)的Defendant2/6/7系数计算，提高的百分比分别为：$100*(e^{0.865}-1)\%=137.50\%$，$100*(e^{0.924}-1)\%=151.93\%$，$100*(e^{0.907}-1)\%=147.69\%$。

⑤ 依据表3-4模型(8)的Defendant5系数计算，$100*(e^{1.582}-1)\%=386.47\%$。

⑥ 依据表3-4模型(9)的Province3/8系数计算，$100*(e^{0.324}-1)\%=38.26\%$，$100*(e^{0.517}-1)\%=67.70\%$。

⑦ 依据表3-4模型(9)的Province4/7/10系数计算，$100*(e^{-0.531}-1)\%=-41.20\%$，$100*(e^{-0.944}-1)\%=-61.09\%$，$100*(e^{-0.372}-1)\%=-31.06\%$。

44.68%①。即以诉讼方式解决的农业保险合同纠纷中，投保果树和农机设备的原告可以比投保播种作物和禽类的原告获得更多的保险赔偿利益。

表 3-4　　**估计一审法院支持金额的多元线性回归模型数据②**

(6)		(7)		(8)		(9)		(10)	
变量	In_Support	变量	In_Support	变量	In_Support	变量	In_Support	变量	In_Support
Lawyer	0.313***	Lawyer	0.244***	Lawyer	0.0985	Lawyer	0.667***	Lawyer	0.335***
	(0.0808)		(0.0779)		(0.0961)		(0.0662)		(0.0815)
In_Claim	0.994***	In_Claim	0.940***	In_Claim	1.009***	In_Claim	0.959***	In_Claim	0.927***
	(0.0144)		(0.0159)		(0.0126)		(0.0178)		(0.0168)
Constant	−0.703***	Plaintiff2	0.627*	Defendant2	0.865***	Province2	0.000769	Type2	−0.751***
	(0.152)		(0.369)		(0.210)		(0.0940)		(0.107)
		Plaintiff3	1.237***	Defendant3	0.342***	Province3	0.324*	Type3	−0.592**
			(0.185)		(0.119)		(0.172)		(0.237)
		Plaintiff4	0.493	Defendant4	—	Province4	−0.531***	Type4	−0.132
			(0.368)				(0.0327)		(0.271)
		Constant	−0.211	Defendant5	1.582***	Province5	—	Constant	0.547**
			(0.163)		(0.206)				(0.227)
				Defendant6	0.924***	Province6	—		
					(0.119)				
				Defendant7	0.907***	Province7	−0.944***		
					(0.215)		(0.0922)		
				Defendant8	—	Province8	0.517***		
							(0.142)		

① 依据表 3-4 模型(10)的 Type2/3 系数计算，$100*(e^{-0.751}-1)\%=-52.81\%$，$100*(e^{-0.592}-1)\%=-44.68\%$。

② 说明：(1)表 3-4 中变量的系数显示为“-”时，表示该变量对应的判决结果为原告全部胜诉或全部败诉，因此在模型分析时剔除这部分数据。(2)在类别变量分析中，将赋值为 1 的类别作为本组类别变量分析的参照组。

续表

(6)		(7)		(8)		(9)		(10)	
变量	ln_Support	变量	ln_Support	变量	ln_Support	变量	ln_Support	变量	ln_Support
				Constant	−1.086***	Province9	0.178		
					(0.135)		(0.281)		
						Province10	−0.372***		
							(0.109)		
						Province11	—		
						Constant	−0.375**		
							(0.163)		
Observations	463		463		463		463		463
R-squared	0.913		0.921		0.955		0.957		0.922

注：括号里数字为标准误；***p<0.01，**p<0.05，* p<0.1(双尾检验)。

资料来源：中国裁判文书网公布的农业保险合同诉讼案件(2013—2019 年)

3.3.3　二审上诉人的胜诉概率与影响因素分析(2013—2019 年)

在 572 件农业保险合同诉讼案件中，原告的一审胜诉率超过了 80%，即一审保险公司的胜诉率低于 20%。一审原告败诉的 112 起案件中，90 位原告选择了上诉，占原告败诉案件的 80.36%。而保险公司一审败诉的 460 起案件中，只有 138 起案件的被告提起了上诉，只占被告败诉案件的 30%。因此，农民一审败诉时对一审法院的判决结果不服的比例极高，而保险公司一审败诉时对一审法院判决结果的认可程度高达 70%。①

在上诉的 228 起案件中，二审法院维持原审法院判决结果的案件为 208 起，占总上诉案件的 91.23%；二审法院改变一审法院判决结果的案件只有 20 起，只占总上诉案件的 8.77%。其中，在农民上诉的 90 起案件中，二审法院只改判了

① 数据来源：中国裁判文书网公布的农业保险合同诉讼案件(2013—2019 年)。

5件，占原告上诉案件的5.56%；在保险公司上诉的138起案件中，二审法院只改判了15件，占被告上诉案件的10.87%。[①] 虽然保险公司上诉案件的二审改判率高于投保人上诉的案件，但总体而言，农业保险合同诉讼的二审法院改判率极低。这与“发改率、息诉率”是法院长期绩效考核制度的重要考核指标有关。在司法实践中，有些省份甚至将二审发回重审和改判的案件作为错案处理，导致二审的“发改率”偏离正常的范围。[②] 因此，在二审改判率极低的情况下，一审是否胜诉对农业保险合同当事人至关重要。

3.4 农业保险合同诉讼实证结论

综合以上Logistic模型和多元线性回归模型的分析结果，(1)律师对一审原告胜诉的几率与一审法院判决支持的金额都有显著的积极作用。(2)农民专业合作社类原告的一审胜诉几率最低，公司类原告获得的一审法院判决支持金额最高。因此，在农业保险合同诉讼中，具有完整组织架构和职责分工明确的公司比组织松散且管理不力的农民专业合作社具有更强的保险利益优势。(3)投保不同的保险公司在诉讼中可获得的保险利益机会不同，但投保太平洋财险公司的一审原告以诉讼方式获得的综合保险利益最优。(4)广西的投保农户通过诉讼方式获得的保险利益机会最佳。(5)播种作物的投保人与保险公司关于保险理赔金额的争议最多，双方歧义也较大，获得的保险理赔金额较低。

---

① 数据来源：中国裁判文书网公布的农业保险合同诉讼案件(2013—2019年)。

② 参见董坤：《检察环节刑事错案的成因及防治对策》，载《中国法学》2014年第6期，第224~225页；佀化强：《事实认定“难题”与法官独立审判责任落实》，载《中国法学》2015年第6期。

第 4 章　农业保险合同诉讼焦点之二：合同效力

农业保险合同是固定农户与保险人权利义务关系的凭证，更是各级政府拨付财政资金的依据。农业保险合同不同于一般商业保险合同，除了涉及保险机构及参保农户的权益外，更牵涉到社会公共利益。因此，农业保险合同的无效判断表面上是法律适用的技术，深层次上则是公私利益的权衡过程。

4.1　农业保险合同无效的原则

4.1.1　比例原则

自 2007 年我国推进政策性农业保险以来，国家各级财政对农业保险施行财政资金补贴政策。一般而言，农户只需支付保费的 20%，剩下的保费由中央、省、市、县等各级财政进行支付。在某些贫困地区、试点地区、财政资金较为充裕的县或特色农产品奖补地区，农户甚至不需要自付任何保费，全部由国家财政承担。因此，每一单农业保险合同都有国家财政资金的支持，都与社会公共利益之间具有直接的关联。那么，在判断农业保险合同的效力时，一方面要维护合同当事人的正当、合法权益，防止守法一方的权益受损，另一方面更要考虑农业保险对推进现代农业发展、促进乡村产业振兴、改进农村社会治理、保障农民收益等方面的重要作用，避免因纯粹适用法律技术而忽略社会公共利益附带的法律效果。因此，农业保险合同无效的判定要严格控制，既不能为了维护小的利益而损害大的利益，或是付出高额的成本而得到较小的利益，也不能以社会公共利益为盾牌牺牲民法自治的根基，这就需要比例原则来判断农业保险合同是否无效。①

比例原则指导下的合同无效判断是事实判断与价值判断的综合考量过程，包括合目的性判断、必要性判断、均衡性判断。②

第一，目的性判断。合目的性是指手段是否有助于目的之达成，即把某个农业保险合同判定为无效后，是否有助于农业保险市场的健康发展和农业保险政策的有效落地等目的。目的性判断偏重于所采取的手段是否能够达到行为之目的，即使农业保险合同被判定为无效后仍能够部分地达到法律之目的或社会公共利益之目的，即认为是符合目的性原则。

第二，必要性判断。必要性判断也可称为“最小伤害”判断，指为了达到保障农业保险合同所载权益和维护社会公共利益之目的，判定农业保险合同无效是否为必要的手段。如有其他更温和的方法能够达到法律目的和政策目的，就不应当采取判定农业保险合同无效这一较为严厉的手段。必要性判断对法官的经验与学识积累要求较高，需要法官对个案所要达到之目的和可能的判决之间进行自由裁量，以伤害最小的手段最大限度地达到司法目的。

第三，均衡性判断。均衡性判断要求的是目的与手段之间的均衡，即追求法律目的和农业保险高质量发展的社会公共利益目的与判定农业保险合同无效这一手段之间具有均衡性，强调付出的成本与取得的收益之间的适当性与成比例性。这一要素要求法官在个案审判中，要考虑合同本身的恶劣性、与社会公共利益的关联程度、社会公序良俗观念性的把握，进行均衡性的价值判断。

4.1.2 公序良俗原则

在《民法典》生效以前，《合同法》《民法通则》均以“社会公共利益”作为判断民商事问题的基本原则，司法实践中也以社会公共利益作为弥补漏洞和增强解释

---

① 参见 R. A. Buckley, Illegality and Public Policy, London: Sweet & Maxwell, 2002, pp. 281-303；孙鹏：《论违反强制性规定行为之效力——兼析〈中华人民共和国合同法〉第 52 条第 5 项的理解与适用》，载《法商研究》2006 年第 5 期；谢鸿飞：《论法律行为生效的“适法规范”》，载《中国社会科学》2007 年第 6 期；黄忠：《违法合同效力判定路径之辨讲》，载《法学家》2010 年第 5 期。

② 参见姜昕：《比例原则研究：一个宪政的视角》，法律出版社 2008 年版，第 33~36 页。

与论证的法理工具。《民法总则》《民法典》出台后，以“公序良俗”的表述代替“社会公共利益”，公诉良俗成为判断民事法律行为效力的基本原则。公序良俗原则起源于罗马法，指国家的基本安全和人民的根本利益、公民一般道德标准。① 因此，公序良俗不仅包含了社会公共利益的内容，还囊括了公民道德的内涵，体现了我国新时代社会主义法治建设对人民权利和人民利益的高度重视与积极保障。

公序良俗在法律上既有价值宣示的性质和补漏的功能，也有裁判规范的法律性质。② 在我国农业保险领域，准公共物品的政策性农业保险具有社会公共利益和农民利益的价值取向，因此对农业保险合同效力的裁判同样受到公序良俗原则的影响与制约。在司法实践中，为避免公序良俗原则被法官滥用和限制法官的自由裁量权，公序良俗原则的适用应符合相应的要求。

第一，法律条文缺位的适用要求。我国法学界已经形成通识，作为原则性规定的公序良俗不能替代具体的法律条文而随意适用，只有当规制相关法律行为的法律条文缺失时，才可考虑用法律原则作为裁判的依据。这一限制条件既可积极发挥公序良俗原则的“补漏”法律功能，又可有效避免法律原则向“一般条款逃逸”。③ 在农业保险领域，只有当《合同法》(或生效后的《民法典》)《保险法》《农业保险条例》等确无相关事项的规定、农业保险监管规章无上位法条文和明确授权时，法官才可以运用公序良俗原则对农业保险合同的效力加以判断。

第二，谦抑性的适用要求。“谦抑性”是刑法中的一项基本原则，但因为公序良俗原则的兜底性与限制私法自治的作用，在裁判农业保险合同效力时也应当遵循谦抑性要求，只有在必要时和必须时才根据该原则判定合同无效。④ 虽然农业保险涉及乡村振兴的社会公共利益和稳定农民收入的人民利益，但是农业保险合同更是保险机构与农户意思自治的表示形式。应当充分尊重合同当事人的意思

① 参见罗时贵：《中国民法公序良俗原则的法律性质》，载《重庆大学学报(社会科学版)》2018 年第 5 期，第 140 页。

② 参见罗时贵：《中国民法公序良俗原则的法律性质》，载《重庆大学学报(社会科学版)》2018 年第 5 期，第 144 页。

③ 参见罗时贵：《中国民法公序良俗原则的法律性质》，载《重庆大学学报(社会科学版)》2018 年第 5 期，第 147 页；杜一华、尹鑫鹏：《金融监管规章影响合同效力的公序良俗通道研究》，载《河北法学》2020 年第 11 期，第 133 页。

④ 参见黄忠：《比例原则下的无效合同判定之展开》，载《法制与社会发展》2012 年第 4 期，第 48 页。

自治，综合考量农业保险合同的内容、目的、后果等因素，必要时通过否定农业保险合同的效力来维护社会公共利益和保障农户的根本权益，避免使公序良俗原则沦为口袋原则，从而正确处理公序良俗原则与其他规则和原则的关系。①

4.1.3　农业保险合同无效之目的

第一，农业保险合同无效在于强化社会公共利益的保护。对于在农业保险投保、承保、定损、理赔业务中违反《合同法》《保险法》《农业法》等行为，法律本身规定了相应的处罚措施，而判定农业保险合同无效的目的在于强化法律的目的。② 例如《农村土地承包法》第 22 条规定，农村土地发包方应当与承包方签订书面承包合同；第 40 条规定，当事人双方应当就土地经营权流转签订书面流转合同。农村土地承包合同和土地经营权流转合同属于要式合同，应当以书面的形式订立。若未以书面的形式订立，依据《农村土地承包法》，土地承包合同或土地经营权流转合同属于无效合同。如果农户向保险机构投保时无法提供书面土地承包合同，投保人对投保标的物无保险利益，则农业保险合同未成立且未生效。这种无效的判定则在于强化保护社会公共利益。

第二，农业保险合同无效在于补充保护社会公共利益。虽然公法已经规定了处罚措施，但由于纸上的法无法充分实现保护社会公共利益之目的，需要判定农业保险合同无效来补充保护公法意欲保护的社会公共利益。例如《农业保险条例》第 3 条规定："农业保险实行政府引导、市场运作、自主自愿和协同推进的原则。……任何单位和个人不得利用行政权力、职务或者职业便利以及其他方式强迫、限制农民或者农业生产经营组织参加农业保险。"《条例》已经明确规定农业保险参保实行自主自愿原则，但是因为农业保险产品单一和费率不科学等原因，低自然风险地区的农民参保意愿较低。某些保险机构为了完成"广覆盖、低保障"的行政任务，在农户不知情的情况下替农户投保，代农户交付保费。虽然该行为的主要目的不在于骗取政府的财政补贴资金，但已经违反了农业保险自愿投保的规定。在《农业保险条例》无法有效遏制此种违规行为时，判定该类农业保

① 参见参见罗时贵：《中国民法公序良俗原则的法律性质》，载《重庆大学学报(社会科学版)》2018 年第 5 期，第 148 页。

② 参见黄忠：《比例原则下的无效合同判定之展开》，载《法制与社会发展》2012 年第 4 期，第 52 页。

险合同无效成为保护社会公共利益的必要补充。

第三，农业保险合同无效在于代替保护社会公共利益。法律法规的滞后性必然导致其各项规定无法及时、全面规制社会新现象和新问题。而公序良俗原则可以在法律规定不完善的地方发挥作用，保护社会公共利益。在农业保险合同效力的判定中，可以依据公序良俗原则否定合同的效力，以此保护社会公共利益。在我国农业保险理赔过程中，协议赔付和封顶赔付现象较为普遍且严重，但《农业保险条例》又未对协议赔付作出明确规定，这导致在理赔实践过程中，保险机构赔付参保农户的保险金不是依据灾害的严重程度和保险标的物的受损程度，而是依据与参保农户商量的结果，致使农业保险未能充分发挥风险分散的功能，但却一定程度上具有稳定农民收入的作用。因此，在《条例》未规定的领域，将协议赔付严重影响农业保险市场健康发展的合同判定为无效，成为代替保障社会公共利益的重要手段。

4.2　农业保险合同无效的规定

4.2.1　合同无效的法律规定

无效合同是指违反了法律、行政法规的强制性规定或社会公共利益而自始至终不发生法律效力的合同。《民法典》第 153 条规定：“违反法律、行政法规的强制性规定的民事法律行为无效。但是，该强制性规定不导致该民事法律行为无效的除外。违背公序良俗的民事法律行为无效。”《保险法》第一章总则第 4 条规定，“从事保险活动必须遵守法律、行政法规，尊重社会公德，不得损害社会公共利益”。《民法典》和《保险法》均规定，违反法律或者行政法规强制性规定的合同无效。

2019 年 11 月，最高人民法院印发了《全国法院民商事审判工作会议纪要》（法[2019]254 号）（以下简称《民商事会议纪要》），要求辩证理解并准确把握契约自由、平等保护、诚实信用、公序良俗等民商事审判基本原则；树立同案同判思维，通过检索类案、参考指导案例等方式统一裁判尺度，有效防止滥用自由裁量权；处理好民商事审判与行政监管的关系，通过穿透式审判思维，查明当事人的真实意思，探求真实法律关系为目标，指导人民法院在审理合同纠纷案件时，要依法审慎认定合同效力。《民商事会议纪要》第 30 条明确划定了“强制性规定”的范围，指出要在考量强制性规定所保护的法益类型、违法行为的法律后果以及交易安全保护等因素的基础上认定“效力性强制性规定”和“管理性强制性规定”。在合同违反法律和行政法规的效力性强制性规定时，应当否定合同的效力；但当合同违反的是管理性强制性规定时，人民法院应当根据具体情形认定合同效力。《民商事会议纪要》第 31 条明确了违反行政规章的合同效力，如果合同行为只是违反行政规章的一般条款，不影响合同的效力；但是如果合同行为影响金融安全、市场秩序、国家宏观政策等公序良俗，则应当认定合同无效。

4.2.2 效力性和管理性强制性规定

在以往司法实践中，有些法官对“法律”做扩大解释，不仅把全国人大及其常委会制定的法律包含在内，还把行政法规、地方性法规、部门规章以及地方政府制定的各种规范性文件均作为判断合同效力的依据，甚至有些地方把当地的土政策也作为判断合同效力的依据。这使得本应有效的合同被大量确认为无效，严重影响了民法上关于私法自治的原则。《最高人民法院关于当前形势下审理民商事合同纠纷案件若干问题的指导意见》(以下简称《合同纠纷指导意见》)和《民商事会议纪要》对法律和行政法规的强制性规定的范围做了限缩性解释，从而指导法官谨慎判断合同的效力。

第一，效力性强制性规定。在法律和行政法规的表述上，一般以“应当、必须、不得、禁止”等字眼表示强制性规定，不允许合同当事人通过约定的形式改变或者排除这类规定的适用，但并不是所有这类规定均是效力性强制规范。① 依据《民商事会议纪要》第 30 条的规定，“效力性强制性规定”指涉及金融安全、市场秩序、国家宏观政策等公序良俗的规定；交易标的禁止买卖的规定，如禁止人体器官、毒品、枪支等买卖；违反特许经营规定的规定，如场外配资合同；交易方式严重违法的规定，如违反招投标等竞争性缔约方式订立的合同；交易场所违法的规定，如在批准的交易场所之外进行期货交易。这些规定均属于效力强制性规定，若保险行为违反法律和行政法规的这类规定，农业保险合同应当被认定为

① 参见王利明：《论无效合同的判断标准》，载《法律适用》2012 年第 7 期，第 3 页。

无效。例如《农业保险条例》第 10 条规定，“农业保险可以由农民、农业生产经营组织自行投保，也可以由农业生产经营组织、村民委员会等单位组织农民投保。由农业生产经营组织、村民委员会等单位组织农民投保的，保险机构应当在订立农业保险合同时，制定投保清单，详细列明被保险人的投保信息，并由被保险人签字确认。保险机构应当将承保情况予以公示”。在农机站或村委会组织投保农业保险时，保险机构应当将承保农户、承保标的物、承保面积等信息予以公开和公示。若保险机构违反公示的效力性强制性规定，农业保险合同将被判定为无效。

第二，管理性强制性规定。依据《民商事会议纪要》第 30 条的规定“管理性强制性规定”指关于经营范围、交易时间、交易数量等行政管理性质的强制性规定。管理性强制性规定要求民事行为当事人应当遵守，但当行为违反此类规范时并不当然地导致合同的无效，还需要法官具体情形具体分析。例如《农业保险条例》第 11 条规定，“在农业保险合同有效期内，合同当事人不得因保险标的的危险程度发生变化增加保险费或者解除农业保险合同”。假设某个投保地区发生较大的自然灾害，保险机构积极主张增加保险费。虽然保险机构的行为违反了管理性强制性规范，但法官不会当然地判定农业保险合同为无效合同，因为合同的无效将损害投保农户的权益，影响农业保险政策的贯彻实施，抑制乡村振兴等社会公共利益。因此，法官将以其他方式保障投保农户的利益，达到维护社会公共利益之目的。再如《农业保险条例》第 12 条规定，“保险机构接到发生保险事故的通知后，应当及时进行现场查勘，会同被保险人核定保险标的的受损情况。由农业生产经营组织、村民委员会等单位组织农民投保的，保险机构应当将查勘定损结果予以公示。保险机构按照农业保险合同约定，可以采取抽样方式或者其他方式核定保险标的的损失程度。采用抽样方式核定损失程度的，应当符合有关部门规定的抽样技术规范”。该条款对标的物受损后查勘定损的时间、方式、手段等作出规范，属于管理性强制性规定。保险机构违反该条规定时，法院一般不会否定农业保险合同的效力。

4.2.3　合同无效与恶意抗辩

恶意抗辩是指合同当事人违反诚信原则，针对合同相对方的请求提出的带有主观恶意的抗辩。“恶意抗辩实际上是一种滥用抗辩权的行为，即一方当事人单独实施或与对方当事人共同实施了某种违法行为后，一旦客观情况出现了对其不利的变化，该当事人便主动以其行为违法为由，要求确认合同无效。”①虽然法律赋予合同当事人的任何一方都可以提出合同无效的请求，但是一方当事人以民事行为违反法律、行政法规的效力性强制性规定为由主张合同无效，从而恶意逃避更重的民事责任或法律后果时，法院是否应当均衡考虑民事权利与社会公共利益成为需要探讨的核心问题。

《农业保险条例》第10条规定，由农业生产经营组织、村民委员会等单位组织农民投保的，保险机构应当在订立农业保险合同时制定投保清单，详细列明被保险人的投保信息并予以公式，并由被保险人签字确认。该条款属于效力性强制性规定，按照《民商事会议纪要》及《合同纠纷指导意见》的规定，若保险机构在承保时未制定详细的投保人清单或未予以公示，农业保险合同通常被认定为无效合同。但是在农业保险业务经营过程中，保险机构为了节省资源及提高效率，常常只有投保人信息的总体情况，甚至也不及时公示这类信息。在发生大灾的年份，若保险机构以在农业保险业务经营过程中违反效力性强制性规定主张合同无效，如按照一般司法实践支持该主张，将极大地损害投保农户的权益，破坏农业保险惠农政策，助长农业保险市场的不诚信行为。因此，法院不应当支持该类恶意抗辩，不支持农业保险合同无效的诉讼请求。

法院不支持恶意抗辩也是符合合同无效制度设立之目的和宗旨。法院判定合同无效的最终目的是制裁违法的合同当事人，维护国家和社会的公共利益。若违法的合同当事人以合同无效的主张逃避较重的违法后果或法律制裁，则合同无效制度成为这类违法行为人的避难所，损害了法律的权威性和司法的公信力。因此，在存在违反法律和行政法规效力性强制性规定的个案中，法官不应当一味地判定合同无效，还应当审查是否存在合同当事人恶意抗辩的情形，综合审慎地判定农业保险合同的效力。虽然合同无效的依据和合同无效之后的责任追究是两个不同的问题，但是法官应当全面考虑合同有效情形下无过错一方合同目的实现的效益与合同无效后无过错一方所获得救济之间的利益平衡。

---

① 王利明：《论无效合同的判断标准》，载《法律适用》2012年第7期，第8页。

4.3　农业保险合同效力争议的司法实践

自 2007 年以来，农业保险无论规模还是水平均得到了长足的发展。农业保险保费规模由 2008 年的 107.23 亿元发展到 2019 年的 671.68 亿元，11 年增长了 6 倍多；简单赔付率①从 2008 年的 60.86%提高到 2019 年的 83.23%，赔付率逐渐接近到非利润追求型的农业保险产业发展目标；平均受益率②从 2008 年的 12.71%提高到 2019 年的 13.25%，11 年期间只有小幅的增长。③ 在中国农业保险赔付率和赔付额同步增长时，农业保险纠纷数量也不断增多。其中，关于农业保险合同是否有效是司法实践中投保农户和保险机构分歧最严重的争议之一。

4.3.1　农业保险合同效力争议的类型

我国农业保险合同无效争议的司法裁判主要有两种类型，分别为农户利益保护型和法律秩序维护型。

1. 农户利益保护型。政策性农业保险主要目的之一是通过分散农业的生产风险和经营风险来保障农民收益，是保障社会公共利益和落实惠农政策的重要手段。在农业保险合同效力纠纷中，如何通过公序良俗原则的适当运用既能保障农户根本利益，又能切实维护法治，是法院在裁判合同效力时的重要考量。例如，河北省黄骅市 366 户种植户向中华联合财险公司投保的 9604 亩玉米因存在虚假投保情况未获当地财政资金补贴的纠纷案件，在保险公司只收到了保费的 20%情况下，法院认为《农业保险条例》未对该种情况做出明确规定且签订的农业保险合同不违反法律法规效力性强制性规定，出于保障社会公共利益和农民根本利益的公序良俗角度出发，认定农业保险合同有效。④

2. 法律秩序维护型。法院在判断农业保险合同的效力时，从现有法律法规的具体条文出发，在合同行为未违反法律法规效力性强制性规定时，需要认定合同关系是否已经成立。例如，在新疆维吾尔自治区尼勒克县农户与人保财险公司

---

① 赔付率=保险赔款/保费收入。

② 受益率=获赔数量/承保数量。

③ 数据来源：笔者所在农业风险管理中心承担的中国农业保险保障水平研究项目。

④ 参见本书表 4-1 所列 91 份(2017)冀 0983 民初判决书。

的农业保险合同效力纠纷中，人保财险公司认为投保农户在投保时未提供书面土地承包合同，违反了《农村土地承包法》第22条“发包方应当与承包方签订书面承包合同”的强制性规定，未予承保。即使农户已经缴纳了自付部分的保费，法院认为，依据《农业保险条例》第10条“……由农业生产经营组织、村民委员会等单位组织农民投保的，保险机构应当在订立农业保险合同时，制定投保清单，详细列明被保险人的投保信息，并由被保险人签字确认。保险机构应当将承保情况予以公示”的规定，在乡政府按规定进行的公示名单中没有原告，进而形成的保单具体农户明细中也没有原告时，判定农业保险合同关系未成立。

表4-1 **农业保险合同效力争议的案件**

类型	案　号	判决结果	裁判观点
农户利益保护型	(2017)冀0983民初763号、807号、809号、810号、812号、813号、832号、841号、844号、845号、847号、848号、849号、850号、855号、856号、858号、861号、864号、868号、869号、870号、871号、872号、888号、890号、891、892号、894号、896号、897号、900号、912号、930号、932号、934号、935号、937号、938号、939号、940号、941号、943号、945号、946号、947号、948号、949号、950号、951号、952号、954号、955号、957号、958号、959号、960号、961号、962号、963号、964号、966号、967号、968号、969号、970号、972号、973号、974号、975号、976号、977号、978号、979号、980号、981号、982号、983号、984号、985号、992号、1008号、1010号、1011号、1013号、1014号、1015号、1016号、1017号、1018号、1019号	农业保险合同有效	即使投保农户未获国家各级财政资金补贴保费的80%，原告366户种植户与被告保险公司签订的玉米种植保险合同，系双方真实意思表示，不违反法律法规效力性强制性规定，确认有效。但原告农户只就已经交纳20%保费的部分享有赔偿权。

续表

类型	案　号	判决结果	裁判观点
法律秩序维护型	(2019)新 4028 民初 587 号	农业保险合同不成立	原告农户承包他人的土地，在投保时未提供土地承包合同，庭审时未能提交保险公司开具的农业保险收费凭证，在乡政府按规定进行的公示名单中没有原告，进而形成的保单具体农户明细中也没有原告，故，原被告双方未形成合同关系。

4.3.2　农业保险合同效力争议的典型案件分析

1. 案情介绍

李某某与中国人民财产保险股份有限公司伊犁哈萨克自治州分公司保险合同纠纷案件。①

原告李某某诉称：2018 年，原告承包位于某某县亩油料旱田地，为响应国家政策，原告及其同村村民于 3 月集体在被告处投保农业保险，当年 7 月天灾(冰雹)导致农田颗粒无收，原告得知同村村民投保的保险均得到赔付，但被告至今未向原告进行赔付，故诉至法院，请求法院维护原告合法权益。

原告李某某诉讼请求：(1)判令被告赔偿原告损失 18000 元(计算方式：25 亩×180 元×80%，其中 80%是被告应该承担的责任)；(2)本案诉讼费由被告承担。

被告人保财险伊犁分公司辩称：请求法院驳回原告的诉讼请求，原告主张的保险是政策性保险，按照政策性保险的要求，原告应该提供身份证、银行卡、承

① 参见李某某与中国人民财产保险股份有限公司伊犁哈萨克自治州分公司财产保险合同纠纷一审民事判决书(2019)新 4028 民初 587 号。

包地的流转合同，但是原告方在村里缴纳自担的相应保费后，并没有向负责办理该政策性保险乡村负责人员提供其承包地的流转合同，致使由乡政府负责政策性保险的工作人员给我公司提供的相应资料中，缺乏原告应当提供的资料，导致双方之间保险合同没有成立。政策性保险不同于一般的商业保险，我们同乡政府在农业保险合同中是一种合作关系，各司其职。由于乡政府工作人员与原告方在办理过程中没有达到合同成立的标准，致使我们在乡里公示的时候，也没有包括原告在内的手续不齐全的人，既然合同不成立，也谈不上双方之间合同是否有效。

法院经审理认定事实如下：对于当事人双方没有争议的事实，法院予以确认。本案原告李某某系尼勒克县某某乡某某村的村民，在该村通过自己所有、口头承包的方式取得125亩油料旱田地的经营权。2018年3月，原告所在乡政府依据上级政府要求，动员农户购买相关政策性农业保险，并从乡到村，派出专人负责登记、收费等工作。该保险具体承保机构为本案被告。原告按要求在村干部提供的投保分户明细表上进行登记，并向乡干部缴纳保费。

2018年5月20日乡人民政府出具《承保公示证明》，该证明载明：2018年5月18日至5月20日在某某乡对油菜种植农业保险投保和缴费情况、保险条款、被保险人义务进行了张贴，全体投保农户已经确认无误并同意承担相关责任义务。被告同时提供照片资料，证明相关信息已在该乡政府院内进行公示。2018年5月21日，被告形成《油菜种植保险保险单》一份，该保单载明的投保人为“某某县某某乡人民政府某某乡各村李生平等82户油菜种植户”，后附的具体农户名单中并无本案原告。

上述事实，有当事人当庭陈述、投保分户明细单、证人证言、州县两级政府相关文件、承包公示证明、保单等证据证实，法院予以确认。

法院认为：本案作为与政策性农业保险有关的财产保险合同纠纷，应适用《中华人民共和国保险法》相关规定。原告依据保险合同主张权利，需以双方建立保险合同关系为前提。本案中，原告主张已交纳保费，但其未能提交由被告开具的政策性农业保险收费凭证，在乡政府按规定进行的公示名单中没有原告，进而形成的保单具体农户明细中也没有原告。原告李某某与被告人保财险伊犁分公司未形成保险合同关系，故原告要求被告保险公司承担赔偿责任的诉讼请求缺乏事实及法律依据。此外，从原告在投保分户明细单中登记到保单形成前的公示，原告有足够时间向相关乡、村两级部门询问、了解其提供的材料是否符合投保要求，是否已成功投保此保险。同时，原告也未能提供证据证明原告种植的油菜确实受损。

判决结果：综上，双方未建立保险合同关系的情况下，原告要求被告承担保险责任的诉讼请求没有事实及法律依据，法院不予支持。依据《中华人民共和国民事诉讼法》第 64 条规定，判决如下：驳回原告李某某的诉讼请求。

2. 案件分析

该案的争议焦点集中于农业保险合同是否成立，若成立是否生效。在判断农业保险合同是否成立时，应明确被告保险公司向农户提供的政策性农业保险内容是属于要约还是要约邀请。根据政策性农业保险的工作开展要求，保险机构应在农户投保前向农户详细说明农业保险的投保范围、保费标准、免责条款、赔偿条款、财政补贴比例等合同的核心内容。同时，根据法院判决书表明，乡政府依据上级政府要求，积极动员农户购买相关政策性农业保险，并从乡到村，派出专人负责登记、收费等工作。无论是由被告保险公司还是乡政府向农户详细讲解由被告负责承保的政策性农业保险险种的具体内容，均可以判断被告保险公司发出的内容具体确定。依据《合同法》第 14 条(《民法典》第 472 条)关于要约的具体规定，被告保险公司向农户发出的承保说明属于合同要约。

在被告保险公司的要约生效后，原告农户李某某向负责政策性农业保险的乡政府提交资料并缴纳自付费用的行为是否属于承诺行为。《农业保险条例》第 21 条规定，“保险机构可以委托基层农业技术推广等机构协助办理农业保险业务”。被告保险公司委托当地乡政府专门负责该项农业保险的登记、收费等工作，符合《农业保险条例》的要求，因此，被告保险公司委托乡政府协助办理农业保险业务合法合规，乡政府是被告保险公司的农业保险业务代理人。当原告农户李某某在规定的时间内向被告保险公司代理人乡镇府提交投保资料和缴纳应当自付的保费后，原告农户李某某投保行为属于承诺。

那么，当农户李某某的承诺作出后，农业保险合同是否成立。《保险法》第 13 条规定，“投保人提出保险要求，经保险人同意承保，保险合同成立”。《农业保险条例》第 10 条规定，“由农业生产经营组织、村民委员会等单位组织农民投保的，保险机构应当在订立农业保险合同时，制定投保清单，详细列明被保险人的投保信息，并由被保险人签字确认。保险机构应当将承保情况予以公示”。因此，农业保险合同成立还需要满足两个要件，第一是保险公司同意承保，第二是集体投保的，保险公司应当制作投保清单并予以公示。根据案情得知，原告农户李某某向代理人乡政府提交的资料不完整，缺少书面承包地流转合同，因此被告保险公司未予承保，且承保清单和公示名单中均未列明原告农户李某某。由此判断，农业保险合同因缺少成立要件而未成立，故而也未生效。

被告保险公司拒绝承保的行为是否合法合理。根据政策性农业保险的要求，保险公司在负责承保的业务范围内不得无理拒绝承保。参保农户缺少承包地书面流转合同能否成为保险公司拒绝承保的理由？首先，《农村土地承包法》第 40 条规定，农村土地发包方与承包方应当就土地经营权流转签订书面流转合同。其次，政策性农业保险鼓励农户积极耕种粮食，以农业保险财政资金补贴的形式保障实际耕地农户的再生产资金与稳定实际耕地农户的收入。书面的承包土地流转合同是证明土地实际耕地人的凭证，也是避免冒用他人名义投保或虚构/虚列耕地面积的有效风险防控手段。在投保农户承包他人土地进行投保时，应当提供书面承包地流转合同，若未在规定的期限内提供，保险公司拒绝承保的行为符合政策性农业保险管理规定和风险控制的要求。

第 5 章　农业保险合同诉讼焦点之三：理赔协议效力

在政策性农业保险快速发展过程中，查勘定损和理赔逐渐成为农户和保险机构争议的主要焦点。我国投保农业保险的大部分耕地规模小、位置偏远且分散，不利于保险机构工作人员逐一查勘和定损，因此在实践中，保险机构常常采取定点查勘和抽样查勘的方法，以平均数确定整个受灾地区的定损标准。《农业保险条例》第 12 条也允许保险机构采取符合技术规范的抽样方式或者其他方式核定保险标的的损失程度。按照常理推断，在区域灾害水平相当或相似的情况下，各个投保农户的定损标准与理赔标准应当相当或相似。但是，由于协议理赔情况的普遍存在，理赔不按照实际损失程度进行赔偿已经成为行业的潜规则。在保险公司营销部与受灾农户已经签订理赔协议的情况下，有些保险机构的省公司不承认赔偿协议的效力，以农业保险营销部的行为超越了代理权限为由拒绝按照协议内容进行赔偿。在参保农户与保险公司的农业保险合同诉讼争议中，理赔协议的效力问题成为双方争议的焦点之一，即农业保险营销部与受灾农户签订理赔协议的行为是否构成虚假理赔及是否构成表见代理。

5.1　表见代理理论

《合同法》与《民法典》关于表见代理的规定不同，《合同法》第 49 条规定："行为人没有代理权、超越代理权或者代理权终止后以被代理人名义订立合同，相对人有理由相信行为人有代理权的，该代理行为有效。"《民法典》第 172 条规定："行为人没有代理权、超越代理权或者代理权终止后，仍然实施代理行为，相对人有理由相信行为人有代理权的，代理行为有效。"两法关于表见代理规定的相同之处，一是无权代理的类型相同，均为没有代理权、超越代理权或者代理权终止；二是对相对人的要求相同，相对人均要有理由相信行为人有代理权；三是法律后果相同，代理行为的法律后果由被代理人承担。两法关于表见代理的代理行为范围规定有差异，《合同法》规定表见代理行为限于订立合同的代理行为，而《民法典》规定表见代理行为指代理人实施的所有代理行为，不仅包括订立合同的代理行为，也包括其他形式的代理行为。《民法典》规定的表见代理行为的范围较为宽泛，囊括了代理人能够实施的所有代理行为。《民法典》与《合同法》关于表见代理规定的差异实质上体现的是表见代理构成要件的理论差异。在《合同法》制定之后，关于表见代理的构成要件就存在"单一要件说""双重要件说""新双重要件说"的争论。

"单一要件说"主张表见代理的成立要件包括三个表面要件和三个内部要件。表面要件为无权代理人以被代理人的名义实施代理行为、无权代理人具有完全民事行为能力、无权代理人进行的代理行为系向相对人发出意思表示或接受相对人的意思表示。这三个表面要件在理论界已经形成共识，但对三个内部要件的内容却存在争议。内部要件为客观上具备使相对人有理由相信无权代理人具有代理权、相对人为善意且无过失、民事行为具备法律法规规定的生效条件。① 只要具备上述六个要件使相对人客观上相信无权代理人有代理权限，表见代理即成立，与被代理人是否具有过失行为无关，因此被学界称为"单一要件说"。但反对者认为，"单一要件说"忽视了被代理人的合法利益及公平原则，在被代理人没有任何过失的情况下还要承担无权代理行为的法律后果，以牺牲被代理人的权益保护相对人的合理信赖利益，违反了民法的过失责任原则和代理制度的基本原理，也不利于保护交易安全。②

"双重要件说"主张表见代理的成立包括两个要件：被代理人的过失行为使相对人有理由相信代理人有代理权、相对人不知道也不应当知道代理人无代理

① 参见章戈：《表见代理及其适用》，载《法学研究》1987年第6期，第9页；史尚宽：《债法总论》，中国政法大学出版社2000年版，第50页；林诚二：《民法总则》，法律出版社2008年版，第463页。

② 参见尹田：《论表见代理》，载《政治与法律》1988年第6期，第29~30页。

权。[①]“双重要件说”以被代理人的过失为表见代理成立的必要条件，但同时又指出表见代理只适用于委托代理，而不适用于法定代理和指定代理。“双重要件说”以民法的公平原则和过失责任原则为指导，以是否具有过失行为判断是否承担法律后果。[②] 但反对者认为，不应当不区分重大过失行为和一般过失行为，否则将无法平衡民法的公平原则和信赖保护原则。有瑕疵法律行为的效力需要以信赖原则为基础，无瑕疵法律行为的效力需要以私法自治原则为正当基础。[③] 有瑕疵法律行为的可归责性有强有弱，应当基于风险原则适当分配法律风险。当被代理人制造的风险或能够控制的风险导致信赖事实的发生(较强的可归责性)，则相对人的善意信赖应当受到法律的保护，由被代理人承担代理行为的法律后果。在被代理人的可归责性较弱时，基于公平原则分配风险。[④] 有学者从司法实践的角度分析认为，如果将被代理人具有过错作为表见代理的构成要件，被代理人将设法证明自己没有过错进而阻却表见代理的成立，不利于表见代理制度目的的实现和相对人的信赖保护。[⑤]

“新双重要件说”在“双重要件说”的基础上根据代理的属性区分表见代理的可归责性要件。在民事代理领域，被代理人的可归责性强是构成表见代理的必要条件；在商事代理领域，被代理人的弱可归责性是构成表见代理的必要条件。[⑥]“新双重要件说”通过区分民事和商事代理的可归责性强弱要件来平衡善意相对人的利益和被代理人的利益。

---

① 参见黄立：《民法总则》，中国政法大学出版社 2002 年版，第 411 页；尹田：《论表见代理》，载《政治与法律》1988 年第 6 期，第 30 页。

② 参见冉克平：《代理授权行为无因性的反思与建构》，载《比较法研究》2014 年第 5 期，第 94 页。

③ 参见杨代雄：《法律行为制度中的积极信赖保护：兼谈我国民法典总则制定中的几个问题》，载《中外法学》2015 年第 5 期，第 1160 页。

④ 参见杨代雄：《法律行为制度中的积极信赖保护　兼谈我国民法典总则制定中的几个问题》，载《中外法学》2015 年第 5 期，第 1162~1163 页。

⑤ 参见王利明：《民法总则研究》，中国人民大学出版社 2003 年版，第 674~675 页。

⑥ 参见王建文、李磊：《表见代理判断标准重构：民商区分模式及其制度构造》，载《法学评论》2011 年第 5 期，第 42 页。

5.2 表见代理的构成要件

“单一要件说”“双重要件说”“新双重要件说”理论对表见代理构成要件的分歧主要为被代理人是否需要具备可归责性条件及如何归责，理论的争议体现的是价值认识的差异。表见代理制度体现的是正当信赖、公平分配风险原则，通过保护善意相对人的正当利益实现维护公平交易和市场经济效率的目的。因此，从表见代理制度制定的初衷及最终要实现的目的出发，同时兼顾司法实践可操作性，构成要件应当包括表现代理权的权利外观、善意的相对人、相对人对代理权的信赖合理性。

第一，权利外观。无形的代理权需要通过外在的形式予以展现，包括书面的委托文书或授权文书、口头的授权行为、内含岗位职责的特定职务等可以表现代理权客观事实的外部形式。虽然授权行为的代理权外观形式和范围较为广泛，但理性人依据常识判断权利外观体现了代理权限，即可认为具有权利外观。

权利外观的表现形式不一，受区域差异、交易习惯、法律法规特定规则、代理权发生机理等影响，外观表征强度有所不同。权利外观表征强度越强，对相对人信赖合理性的要求越低。通常，权利外观的表征强度具有综合性，是数个权利外观叠加的加成效应。例如，在农业保险领域，具有法人资格的一般为省级保险公司，但是在开展具体业务时，常年由县级的农业保险公司营销部、乡镇的农技站、村委会等组织各村农民进行投保、承保、定损、理赔等工作。因此，常年形成的当地农业保险交易习惯具有较强的代理权外观表征，当地农民对营销部、农技站、村委会具有较高的信赖。

第二，善意相对人。善意的相对人指其不知道且应当不知道代理人没有代理权限。理论界现在认为善意的相对人不具有重大过失行为或一般过失行为。过失指相对人因为疏忽，应当预见而未能预见自己行为的后果，或者虽然预见到了后果却因为自信可以避免的过失，即疏忽大意的过失和过于自信的过失。例如，参保农户根据往年农业保险投保经验和交易习惯，应该能够判断新的代理人没有代理农业保险的权限或者认为即使代理人没有代理权限，只要缴纳了自负部分的保费，政府就会保护农户的利益，保险公司需要按农业保险政策规定的内容进行承保和理赔。此种情况，参保农户就存在过失行为。

有学者认为，在存在代理的行为中，法律行为的实施者和法律后果的承担者分属不同的主体，相对人有责任审慎地检查和核实代理人的代理权限。如果相对人没有履行一般人的注意义务，就不应当认定相对人是善意的。因此，善意的相对人不应当具有过失行为。① 《最高人民法院关于当前形势下审理民商事合同纠纷案件若干问题的指导意见》(法发[2009]40 号)第 13 条也明确指出，表见代理制度要求相对人在主观上善意且无过失地相信行为人有代理权。在司法审理中，善意的相对人不具有过失是认定表见代理成立的必要条件。

第三，信赖合理性。信赖合理性是在代理人无权代理情况下保护善意相对人的理论基础。信赖合理性要求相对人的信赖是基于权利外观，权利外观的表征达到使相对人有理由相信的强度。权利外观的表征强度越强，信赖合理性程度就会越高。② 信赖合理性以相对人无过失为基础，替代被代理人的可归责性因素，以相对人的行为视角权衡相对人及被代理人的各方利益。因为被代理人的可归责性保障的是最低限度的交易安全，以被代理人的权益为中心进行法律风险的分配，不利于提高市场交易的效率。信赖合理性最大限度地保护善意相对人的利益，更符合表见代理制度设计的初衷和实现所要达到的维护交易安全和提高交易效率的目的。

信赖合理性的判断是价值的取舍和理性人标准的经验衡量。法官需要借助生活经验，对相对人的身份、学识、经历等进行综合考量，以判断这类普通人的一般信赖参照标准和一般注意义务的界限。例如，常年在农村耕地的农户人群与常年在大城市工作的白领人群对代理行为的信赖程度判断标准不同，一般注意义务的标准也不同，这均需法官根据生活经验和内心确信来判断不同主体的善意和过失。

---

① 参见杨代雄：《表见代理的特别构成要件》，载《法学》2013 年第 2 期，第 65~66 页。

② 参见叶金强：《表见代理中信赖合理性的判断模式》，载《比较法研究》2014 年第 1 期，第 90 页。

5.3 农业保险理赔协议效力争议的司法实践

5.3.1 典型争议案件介绍①

吉林省松原市某村 87 户农户在中航安盟财险公司投保了花生成本保险，但在灾害发生后，农户认为在该区域灾害最严重的情况下未得到与邻村相同的定损率与理赔额。经双方协商，保险公司营销服务部提出附条件的理赔协议，但保险公司拒绝履行赔偿协议，理由是赔偿协议不具有法律效力。

原告孙某某诉称：2013 年 5 月 1 日，孙某某与安盟保险公司签订农作物种植成本保险合同，孙某某为自己耕种的 60 亩花生投保，保险费 112 元。2013 年孙某某的花生受到自然灾害，安盟保险公司按每亩损失 5.333 元给予了孙某某理赔了损失 320 元。因安盟保险公司前郭营销服务部理赔太低，经反复协商，安盟保险公司前郭营销服务部达成一致，并出具了承诺书，要求孙某某 2014 年继续在前郭营销部投保，在 2014 年对种植给予补偿时，按不低于长龙乡大兴村 2013 年的赔付标准给予理赔，即按每亩 34.133 元给予赔付。孙某某按约定 2014 年在营销部投保了农业成本保险，而安盟保险公司未按约定给予 2013 年的保险赔偿。

原告孙某某诉讼请求：要求安盟保险公司给付 2013 年理赔差价款共计 1728 元。

被告中航安盟财险公司辩称：孙某某于 2013 年至 2014 年与安盟保险公司吉林分公司签订了花生农作物种植成本保险合同。安盟保险公司按理赔程序对孙某某的损失进行了理赔。承诺书是安盟保险公司前郭营销服务部出具的，不能代表省公司，不具有法律效力。安盟保险公司按理赔数额将理赔款汇入孙某某的存折，理赔完毕，不同意孙某某的请求。

一审法院经审理查明：2013 年 4 月 30 日，孙某某以前郭县长龙乡大道村民委员会为付款人，自己为被保险人与安盟保险公司签订农作物种植成本保险合同。该合同是由孙某某与安盟保险公司前郭营销部的工作人员签订，保险单中保险人加盖中航安盟财产保险有限公司吉林省分公司公章。孙某某为自己耕种的

① 参见吉林省松原市民事一审判决书(2016)吉 0721 民初 3861 号等 87 份裁判文书。

60 亩花生投保，保险费 112 元。2013 年孙某某的花生受到自然灾害，安盟保险公司前郭营销部的工作人员按理赔工作流程，查勘、定损、公示、理赔，在 2013 年年底将孙某某的损失按每亩 5.333 元的标准赔付给孙某某 320 元。因与其他村委会比较，孙某某所在村委会认为在与邻村的比较中，其受灾最重，而理赔标准最低，所以村委会代表孙某某等农民多次到安盟保险公司前郭营销部沟通，安盟保险公司前郭营销部为孙某某所在的村委会代表出具了承诺书。承诺书内容为“关于 2013 年花生因风灾造成损失，因定损过低，和村委员协商，在 2014 年种植保险给予补偿，对重灾多赔，轻灾少赔，补偿标准不低于 2013 年大兴村标准，注 2013 年保户必须参加 2014 年保险，否则不予赔偿”。下面有安盟保险公司前郭营销部沈某的签名及营销部农险业务部公章。2013 年大兴村的理赔标准为每亩 34.133 元。

一审法院认为：孙某某与安盟保险公司对双方签订的保险合同，保险凭证，2013 年对孙某某及大兴村的理赔标准无异议，法院对上述事实予以确认。安盟保险公司前郭营销部自 2013 年对孙某某的理赔标准过低，且承诺如 2014 年孙某某继续投保，将在 2014 年对 2013 年的理赔予以补偿。安盟保险公司辩解承诺书是前郭营销部出具的，不能代表安盟保险公司，对安盟保险公司不具有法律效力。孙某某从投保到现理赔均由前郭营销部的工作人员完成，安盟保险公司对其他环节无异议，只辩解承诺书不具有法律效力，对安盟保险公司的辩解不予采信。孙某某要求安盟保险公司给付 2013 年保险补偿，事实清楚，证据充分，安盟保险公司应遵守诚实信用原则对孙某某损失给予理赔，对孙某某的诉讼请求予以保护。孙某某要求安盟保险公司给付交通费及律师代理费无法律依据，不予保护。

一审法院判决结果：依据《中华人民共和国保险法》第 22 条，《中华人民共和国合同法》第 6 条、第 60 条、第 107 条的规定，判决被告中航安盟财产保险有限公司吉林省分公司于本判决生效后立即赔偿原告孙某某损失差额的 1728 元。

中航安盟财险公司不服一审判决上诉称：撤销前郭县人民法院做出的(2016)吉 0721 民初 XX 号民事判决，依法改判驳回被上诉人的诉讼请求。第一，一审法院判决认定《承诺书》合法有效并且据此做出判决是错误的。1. 签订《承诺书》一方的主体不适格，故不生效。本案中与被上诉人签订农业保险合同的是安盟吉林省分公司，分公司才是合同的主体。出具《承诺书》的沈某只是安盟公司前郭营销服务部的农险部一名工作人员，且《承诺书》加盖的是农业保险业务专用章，所以按照合同相对性来说，《承诺书》不能代表安盟吉林省分公司的意思。所以不具备合同成立和生效的要件，不具备法律效力。2. 退一步讲，即便《承诺书》生效，内容也因为违法归于无效，一审法院回避了这个问题明显违背了审判原则。农业保险是国家政策保险，保险费80%是国家补贴，《承诺书》中的相关规定是骗取国家保险的行为，根据相关的法律规定是无效。本案中的定灾报告是省政府指定的专家在查勘后做出的，符合相关的技术操作规范，并且进行了公示，符合《农业保险条例》规定的理赔程序。被上诉人在规定的公示期内没有提出异议也接受了补偿款，在没有任何证据证明定损存在错误的情况下《承诺书》中约定的"因定损过低，和村委会协商，在2014年种植保险给予补偿，对重灾多补，轻灾少补，补偿标准不低于2013年大兴村标准。注2013年保户必须参加2014年保险。否则不予赔偿"，明显违反了《农业保险条例》和《合同法》的相关规定，是无效的。《农业保险条例》第23条第2项规定："禁止以下列方式或者其他方式骗取农业保险的保险费补贴：……(二)以虚假理赔、虚列费用、虚假退保或者截留、挪用保险金、挪用经营费用等方式冲销投保人应缴的保险费或者财政给予的保险补贴。"《承诺书》中的约定明显是向通过虚假的理赔骗取农业保险费补贴，违反了《农业保险条例》上述的强制规定，根据《合同法》第52条第5项的规定是无效的。同时《承诺书》也违反了《合同法》第52条第2项的规定，双方恶意串通，骗取保险费的补贴，损害国家利益是无效的。本案中，《承诺书》的性质是一份民事合同，涉及合同案件的审理，即使各方当事人对于合同的合法性没有提出抗辩，法院依职权首先也应该对于合同的合法性进行审查，在此基础上才能对于双方和合同权利义务进行审查和判决。本案中，中航安盟对于《承诺书》的合法性已经提出抗辩，认为承诺书因为违法无效，一审法院当然应该对《承诺书》的合法性进行审查，对于上诉人提出的无效的抗辩意见，一审法院的判决书中根本就没有提及，明显违反了审判原则。

第二，一审法院适用法律错误。一审法院依据《保险法》第22条，《合同法》第6条、第60条、第107条规定做出判决，在适用法律上是错误的。本案属于农业政策性保险，《农业保险条例》对于政策性保险做了专门的规定，根据特别法优于普通法的原则，本案在适用法律上应该优先适用农业保险条例，只有在《农业保险条例》没有规定的情况下，才能适用《保险法》的规定。本案中《保险法》第 22 条关于理赔方面并不适用本案，《合同法》的相关规定也是在有合法有效的合同基础上，本案的《承诺书》因为违法而无效，当然不能适用。综上所述，一审法院认定事实和适用法律明显存在错误，尤其是违背了合同案件的审判原则，希望二审法院依法改判。

被上诉人孙某某辩称：原审判决认定事实清楚，适用法律正确，程序合法，应该维持。

二审法院认为：1.《承诺书》的做出主体是否适格。本案中保险合同成立并发生法律效力各方均无异议。合同的磋商、投保等前期行为以及出险后的理赔行为均为前郭县营业部实际执行，故前郭营业部在本保险合同中做出的行为应该认定是保险行为。关于《承诺书》，是因为投保人对保险理赔标准提出异议之后，经过磋商后做出，应该是为理赔行为的组成部分，故《承诺书》做出行为仍然应该认定是保险行为。上诉人抗辩沈某只是一个普通工作人员，但是其行为没有超越其工作范畴并且加盖营业部的保险业务专用章，故该行为产生的法律后果应该及于保险合同的相对人即本案的保险人中航安盟吉林省分公司。故上诉人关于主体部分的上诉不成立。2.《承诺书》是否发生法律效力。从该《承诺书》性质看，是在投保人提出异议后，关于保险理赔的一个承诺，应该属于保险人单方做出的承诺，在性质上属于单务合同，承诺一旦做出即视为合同成立。《合同法》第 44 条规定："依法成立的合同，自成立时生效。"该承诺一经做出就应该发生法律效力。关于上诉人上诉理由，该《承诺书》是一种骗取国家保险的行为，依据相关法律应该属于无效。纵观其上诉状全部内容，上诉人所述的相关法律即《农业保险条例》第 23 条第 2 款和《合同法》第 52 条第 1 款第 2 项、第 5 项。以上法律规则或者行政法规适用的逻辑前提为虚假、虚构事实骗取保险金或者损害国家利益。本案中保险合同真实有效，保险事故发生均无异议，承诺书也是基于保险事故发生，投保人对于保险赔偿标准不予认可的情况下经过磋商而出具，故在没有证据证明存在虚假、虚构事实骗取保险金或者损害国家利益的前提下直接要求运用上述法律或者行政法规确认无效的诉讼请求不能成立。上诉人该部分上诉理由不成立。3. 原审法院适用法律是否正确，本案是否应该适用《保险法》以及《合同法》，虽然《农业保险条例》现行有效，但是部门规章在法律位阶上低于法律，故按照上位法优于下位法的法律原则，原审法院适用法律方面正确。退一步讲，即便是本案适用《农业保险条例》第23条第2款，该条规定禁止"以虚假理赔、虚列费用、虚假退保或者截留、挪用保险金、挪用经营费用等方式冲销投保人应缴的保险费或者财政给予的保险补贴"，现在投保人当然地不认为自己行为是该条例所禁止的行为，上诉人亦没有证据证明《承诺书》的做出是上述行为，故根据《最高人民法院关于适用〈中华人民共和国民事诉讼法〉的解释》第90条"当事人对自己提出的诉讼请求所依据的事实或者反驳对方诉讼请求所依据的事实，应当提供证据加以证明，但法律另有规定的除外。在作出判决前，当事人未能提供证据或者证据不足以证明其事实主张的，由负有举证责任的当事人承担不利后果"的规定，上诉人该部分上诉理由仍然不成立。

二审判决结果：综上所述，原审法院认定事实清楚，适用法律正确，程序合法，应予维持。依照《中华人民共和国民事诉讼法》第170条第1款第(1)项规定判决如下：驳回上诉，维持原判。

表5-1为吉林省松原市某村87户农户与保险公司就农业保险理赔协议效力诉讼案件的一审及二审案件列表。一审及二审法院均认为诉争理赔协议具有法律效力。

表5-1 **农业保险理赔协议效力争议的案件**

一审案号	上诉案号	判决结果
(2016)吉0721民初3800号	(2017)吉07民终497号	一审：原告农户全部胜诉
(2016)吉0721民初3801号	(2017)吉07民终496号	二审：维持原判
(2016)吉0721民初3802号	(2017)吉07民终495号	
(2016)吉0721民初3804号	(2017)吉07民终494号	
(2016)吉0721民初3805号	(2017)吉07民终493号	
(2016)吉0721民初3808号	(2017)吉07民终770号	
(2016)吉0721民初3810号	(2017)吉07民终491号	
(2016)吉0721民初3811号	(2017)吉07民终490号	
(2016)吉0721民初3813号	(2017)吉07民终489号	

续表

一审案号	上诉案号	判决结果
(2016)吉 0721 民初 3814 号	(2017)吉 07 民终 488 号	
(2016)吉 0721 民初 3816 号	(2017)吉 07 民终 512 号	
(2016)吉 0721 民初 3817 号	(2017)吉 07 民终 511 号	
(2016)吉 0721 民初 3819 号	(2017)吉 07 民终 509 号	
(2016)吉 0721 民初 3820 号	(2018)吉 07 民终 30 号	
(2016)吉 0721 民初 3820 号	(2017)吉 07 民终 508 号	
(2016)吉 0721 民初 3821 号	(2017)吉 07 民终 506 号	
(2016)吉 0721 民初 3822 号	(2017)吉 07 民终 505 号	
(2016)吉 0721 民初 3824 号	(2017)吉 07 民终 503 号	
(2016)吉 0721 民初 3825 号	(2017)吉 07 民终 502 号	
(2016)吉 0721 民初 3826 号	(2017)吉 07 民终 501 号	
(2016)吉 0721 民初 3827 号	(2017)吉 07 民终 500 号	
(2016)吉 0721 民初 3828 号	(2017)吉 07 民终 499 号	
(2016)吉 0721 民初 3831 号	(2017)吉 07 民终 1191 号	
(2016)吉 0721 民初 3838 号	(2017)吉 07 民终 1192 号	
(2016)吉 0721 民初 3839 号	(2017)吉 07 民终 1193 号	
(2016)吉 0721 民初 3840 号	(2017)吉 07 民终 1194 号	
(2016)吉 0721 民初 3842 号	(2017)吉 07 民终 1195 号	
(2016)吉 0721 民初 3843 号	(2017)吉 07 民终 1196 号	
(2016)吉 0721 民初 3844 号	(2017)吉 07 民终 1468 号	
(2016)吉 0721 民初 3851 号	(2017)吉 07 民终 1061 号	
(2016)吉 0721 民初 3852 号	(2017)吉 07 民终 1062 号	
(2016)吉 0721 民初 3853 号	(2017)吉 07 民终 1063 号	
(2016)吉 0721 民初 3854 号	(2017)吉 07 民终 1433 号	
(2016)吉 0721 民初 3855 号	(2017)吉 07 民终 1064 号	
(2016)吉 0721 民初 3856 号	(2017)吉 07 民终 1065 号	
(2016)吉 0721 民初 3857 号	(2017)吉 07 民终 1066 号	
(2016)吉 0721 民初 3858 号	(2017)吉 07 民终 1424 号	
(2016)吉 0721 民初 3859 号	(2017)吉 07 民终 1426 号	

续表

一审案号	上诉案号	判决结果
(2016)吉0721民初3860号	(2017)吉07民终1427号	
(2016)吉0721民初3861号	(2017)吉07民终1068号	
(2016)吉0721民初3862号	(2017)吉07民终1260号	
(2016)吉0721民初3863号	(2017)吉07民终1428号	
(2016)吉0721民初3864号	(2017)吉07民终1429号	
(2016)吉0721民初3865号	(2017)吉07民终1067号	
(2016)吉0721民初3868号	(2017)吉07民终1430号	
(2016)吉0721民初3869号	(2017)吉07民终1431号	
(2016)吉0721民初3870号	(2017)吉07民终1185号	
(2016)吉0721民初3873号	(2017)吉07民终1186号	
(2016)吉0721民初3875号	(2017)吉07民终1432号	
(2016)吉0721民初3876号	(2017)吉07民终1187号	
(2016)吉0721民初3877号	(2017)吉07民终1188号	
(2016)吉0721民初3879号	(2017)吉07民终1189号	
(2016)吉0721民初3880号	(2017)吉07民终1190号	
(2016)吉0721民初3881号	(2017)吉07民终343号	
(2016)吉0721民初3882号	(2017)吉07民终344号	
(2016)吉0721民初3883号	(2017)吉07民终345号	
(2016)吉0721民初3884号	(2017)吉07民终346号	
(2016)吉0721民初3886号	(2017)吉07民终349号	
(2016)吉0721民初3887号	(2017)吉07民终350号	
(2016)吉0721民初3888号	(2017)吉07民终351号	
(2016)吉0721民初3890号	(2017)吉07民终353号	
(2016)吉0721民初3891号	(2017)吉07民终354号	
(2016)吉0721民初3892号	(2017)吉07民终356号	
(2016)吉0721民初3894号	(2017)吉07民终357号	
(2016)吉0721民初3895号	(2017)吉07民终358号	
(2016)吉0721民初3897号	(2017)吉07民终487号	
(2016)吉0721民初3898号	(2017)吉07民终485号	

续表

一审案号	上诉案号	判决结果
(2016)吉 0721 民初 3900 号	(2017)吉 07 民终 370 号	
(2016)吉 0721 民初 3901 号	(2017)吉 07 民终 369 号	
(2016)吉 0721 民初 3902 号	(2017)吉 07 民终 368 号	
(2016)吉 0721 民初 3903 号	(2017)吉 07 民终 367 号	
(2016)吉 0721 民初 3904 号	(2017)吉 07 民终 366 号	
(2016)吉 0721 民初 3906 号	(2017)吉 07 民终 364 号	
(2016)吉 0721 民初 3907 号	(2017)吉 07 民终 360 号	
(2016)吉 0721 民初 3908 号	(2017)吉 07 民终 361 号	
(2016)吉 0721 民初 3910 号	(2017)吉 07 民终 362 号	
(2016)吉 0721 民初 3911 号	(2017)吉 07 民终 363 号	
(2016)吉 0721 民初 3915 号	(2017)吉 07 民终 609 号	
(2016)吉 0721 民初 3920 号	(2017)吉 07 民终 769 号	
(2016)吉 0721 民初 3921 号	(2017)吉 07 民终 606 号	
(2016)吉 0721 民初 3923 号	(2018)吉 07 民终 54 号	
(2016)吉 0721 民初 3924 号	(2017)吉 07 民终 605 号	
(2016)吉 0721 民初 3926 号	(2017)吉 07 民终 603 号	
(2016)吉 0721 民初 3927 号	(2017)吉 07 民终 602 号	
(2016)吉 0721 民初 3928 号	(2017)吉 07 民终 601 号	
(2016)吉 0721 民初 3929 号	(2017)吉 07 民终 600 号	
(2016)吉 0721 民初 3930 号	(2017)吉 07 民终 599 号	

5.3.2　案件争议焦点分析

第一，关于理赔协议内容合法性的争议。

在二审中，中航安盟财险公司提出，根据《农业保险条例》第 23 条第 2 款关于禁止以虚假理赔等方式骗取农业保险保费补贴的规定，理赔协议的内容违反了该法规的效力性强制性规定，因此理赔协议内容不具有合法性。同时，理赔协议是前郭营销部工作人员和投保农户双方恶意串通骗取农业保险保费补贴的行为，损害了国家的利益，依据《合同法》第 52 条第 2 项的规定，损害国家利益的合同无效。法院认为，在存在真实保险事故的前提下，对赔偿标准的磋商不属于虚假理赔和虚构事实骗取保险赔偿金的行为，因此理赔协议的内容符合合法性要求。

此案中，什么是虚假理赔行为成为理赔协议内容是否具有合法性的关键。虚假理赔包含两个方面的内容，一是在不存在保险事故的情况下，通过虚构保险事故或冒用他人保险事故现场进行理赔的行为；二是在存在保险事故的情况下，通过提高受灾程度或损失程度增加保险金赔偿款的行为。二审法院认为只有虚构保险事故事实的行为才属于骗取国家保费补贴的违法行为，但是上诉人中航安盟财险公司认为，保险赔偿的标准是按照查勘定损报告做出。在查勘定损程序符合技术性要求时，在无相反证据证明查勘定损报告存在错误的情况下，人为大幅提高赔偿标准亦属于虚假理赔的行为。二审法院以中航安盟财险公司未提交相关证据证明其主张为由，不支持上诉人关于虚假理赔的主张。

该案是否属于虚假地提高理赔标准，中航安盟财险公司完全有证据予以证明。孙某某等 86 户农户认为该村的灾情和受损程度比邻村大兴村严重，但赔偿标准却远低于大兴村，主张至少按照不低于大兴村的标准进行赔偿。中航安盟财险公司只要提交长龙乡大兴村和长龙乡大道村的查勘定损报告，法庭通过对比就能公平合理地判断大乡村和大道村的受损程度是否相似或接近，进而判断是否存在虚假理赔行为。但中航安盟财险公司未提交相关证据，只能承担举证不能的不利后果。在不能证明存在虚假理赔的情况下，也就不能推导出前郭营销部工作人员和该村 86 户农户之间存在恶意串通骗取农业保险保费补贴的行为，因此理赔协议的内容不存在违反合法性的情况，理赔协议也不存在损害国家利益的情况。

第二，关于理赔协议表见代理的争议。

在一审和二审中，中航安盟财险公司认为理赔协议《承诺书》法律效力不溯及省分公司，因为与农户签订农业保险合同的主体是省分公司，农业保险合同的印章也是省分公司，因此只加盖了前郭营销部农业保险业务专用章的理赔协议的相对方非省分公司，理赔协议未成立且未生效。一审法院认为理赔协议具有法律效力但未详细阐明认定理由，二审法院认为签订理赔协议的行为实质上是理赔行为的一部分，属于前郭营销部的职责范围，由此认定理赔协议具有法律效力，应由省分公司承担法律后果。农户与法院均未提出表见代理的观点。签订理赔协议不仅是农业保险业务的一部分，更是一种订立契约的行为，应该从合同的成立与生效角度论证理赔协议的法律效力。

在农业保险业务中，与该村 86 户农户签订农业保险合同的相对方是省分公司，前郭营销部是省分公司的内部派出业务机构，负责拓展及办理该乡区域内的农业保险业务。因此，前郭营销部是长龙乡农业保险业务代理人，省分公司是农业保险业务的被代理人。代理人在对外签订合同的过程中，未按照公司的相关规定进行业务申请并加盖省分公司的公章，而是在省分公司未知情的情况下与参保农户签订理赔协议并加盖了前郭营销部的业务专用章，超出了代理人的代理权限。代理人超越代理权限对外签订合同的行为是否属于表见代理应是本案的核心问题。

表见代理的构成要件包括权利外观、善意相对人、信赖合理性。(1)前郭营销部是否具有权利外观。在大乡村的农业保险业务经营过程中，中航安盟财险公司前郭营销部具体办理省分公司农业保险业务的宣传、承保、查勘定损、理赔等一系列工作，在外观上具有代理省分公司农业保险业务的权利。(2)大道村 86 户农户是否为善意第三人。在大道村发生自然灾害后，村委会代表该村投保农户向前郭营销部报案，参与查勘定损、公示、理赔等工作。当得知本村的受灾程度重于邻村大兴村但理赔标准却远低于大乡村时，村委会积极与前郭营销部沟通，最终前郭营销部同意按照大乡村的标准予以理赔，双方因此签订了理赔协议。在理赔过程中，农户及村委会按照实际情况向一直负责农业保险业务的前郭营销部报案，按照实际灾情情况争取公平的理赔标准，一系列行为均能体现投保农户的善意，且不存在任何过失行为。(3)农户及村委会信赖前郭营销部是否具有合理性。前郭营销部是中航安盟财险公司的业务派出机构，历年来负责该地区农业保险的宣传、承保、查勘定损、公示、理赔等与农业保险相关的所有业务。当大道村参保农户对理赔标准提出异议后，前郭营销部出具了经双方协商同意的理赔协议。该理赔协商过程符合历年的交易习惯，参保农户对前郭营销部的信赖具有完全的合理性。因此，前郭营销部超越代理权限与大道村 86 户农户签订农业保险理赔协议的行为属于表见代理，应当由省分公司承担法律后果。

第三，关于法律法规适用的争议。

二审中，中航安盟财险公司提出该案应优先适用《农业保险条例》而非《保险法》的理赔条款，只有在该条例没有规定的情况下才适用《保险法》的相关规定，并主张以《农业保险条例》第23条禁止以虚假理赔等方式骗取农业保险保费补贴的条款进行判决。二审法院认为，部门规章在法律位阶上低于法律，应按照上位法优于下位法的原则，因此一审法院适用法律正确。

我国自2007年实施政府财政补贴农业保险政策以来，农业保险就从商业保险转变为政策性农业保险。因此，《保险法》第184条规定："国家支持发展为农业生产服务的保险事业。农业保险由法律、行政法规另行规定。强制保险，法律、行政法规另有规定的，适用其规定。"因此，在审理农业保险案件时，应当优先适用《农业保险条例》，只有该《农业保险条例》未规定的部分，才适用《保险法》。但是，即使适用《农业保险条例》第23条关于虚假理赔的条款，上诉人中航安盟财险公司也未能提供大道乡87户农户虚假理赔的证据，因此上诉人仍然承担举证不能的不利后果。

第6章　农业保险合同诉讼焦点之四：免责条款效力

农业保险合同条款具有高度的专业性、技术性、复杂性，加之晦涩的专业术语、笼统的词句、几十页的篇幅等因素增加了投保人农户准确理解及领会农业保险合同免责条款的难度。在法律实务中，农业保险合同常常对免责事项的条款进行拆分，分散于不同的章节中，更不利于农户的全面理解。为平衡保险人和投保人的利益，《保险法》《合同法》《民法典》对免责条款的生效做出了谨慎、严格的规定，保护处于弱者地位的投保人，促进保险交易的公平。

6.1　免责条款理论

6.1.1　免责条款的理论基础

农业保险合同交易相对方分别为保险机构和投保人农户，不仅双方的专业性和知识水平存在较大差距，而且存在信息不对称的严重情形。为了保护投保人的保险权益及维护交易的公平，最大诚信原则和公平原则成为立法者对保险人课以法定义务和严苛责任的理论基础。

最大诚信原则要求保险合同各方当事人在缔约保险合同时秉承最大程度的诚实信用，提供最真实、最全面的信息，履行最大善意的履行告知义务和说明义务。保险机构的最大诚信体现在格式合同和免责条款的提示和说明义务，投保人的最大诚信则体现在如实告知投保标的物的真实情况。因此，最大诚信原则能够保障处于弱势地位的投保人，降低因能力相对较低和信息较为片面导致的合同缔约负面效应，又能保障保险人的合法权益及预防投保人道德风险和逆向选择。因此,《保险法》《合同法》《民法典》对免责条款生效所做的规定既是最大诚信原则的体现,也是公平原则的体现。①

为保障投保农户在充分理解合同条款的基础上订立农业保险合同,立法将保险人的提示和说明义务规定为先合同义务。保险机构需在订立农业保险合同前或订立合同时,向投保农户提示或明确说明免赔率(额)、赔偿范围等排除或限制保险机构义务或责任的条款,使农户真正理解保险机构不予承担的各项风险和不予赔偿的各种情况,使投保农户在知悉农业保险合同风险、保险费率、法律后果的基础上进行公平的交易。

6.1.2 免责条款的分类

保险合同的免责条款分为法定免责条款和约定免责条款。法定免责条款是法律法规明文规定的免除保险机构责任的条款。《保险法》中有关免除承保农业保险的保险人责任的具体法条如下。第 16 条:"投保人故意不履行如实告知义务的,保险人对于合同解除前发生的保险事故,不承担赔偿或者给付保险金的责任,并不退还保险费。投保人因重大过失未履行如实告知义务,对保险事故的发生有严重影响的,保险人对于合同解除前发生的保险事故,不承担赔偿或者给付保险金的责任,但应当退还保险费。"第 21 条:"投保人、被保险人或者受益人知道保险事故发生后,应当及时通知保险人。故意或者因重大过失未及时通知,致使保险事故的性质、原因、损失程度等难以确定的,保险人对无法确定的部分,不承担赔偿或者给付保险金的责任。"第 26 条:"人寿保险以外的其他保险的被保险人或者受益人,向保险人请求赔偿或者给付保险金的诉讼时效期间为二年,自其知道或者应当知道保险事故发生之日起计算。"第 27 条:"投保人、被保险人故意制造保险事故的,保险人有权解除合同,不承担赔偿或者给付保险金的责任;……投保人、被保险人或者受益人以伪造、变造的有关证明、资料或者其他证据,编造虚假的事故原因或者夸大损失程度的,保险人对其虚报的部分不承担赔偿或者给付保险金的责任。"第 48 条:"保险事故发生时,被保险人对保险标的不具有保险利益的,不得向保险人请求赔偿保险金。"

① 参见于永宁:《保险人说明义务的司法审查——以〈保险法司法解释二〉为中心》,载《法学论坛》2015 年第 6 期,第 126 页。

约定免责条款是法定免责条款外保险机构与投保人之间自由约定的免除保险机构责任的条款。第一，有关受灾原因的免责条款。这类条款规定了予以赔偿的灾害原因。现在我国大部分农业保险产品只赔偿由自然灾害导致的损失，只有一小部分产品赔偿由价格等市场风险导致的损失。第二，有关灾害范围的免责条款。这类条款一般约定了给付保险赔偿金的灾害范围。例如冻灾保险，受灾地区温度达到 0 摄氏度以下才构成冻灾。未达到这个温度条件，保险公司免于给付赔偿金。第三，有关保险期间的免责条款。这类条款针对农作物的生长期间或牲畜成长期，详细规定了保险的期间。例如，有些保险只承保果树的结果期，对果树花期遭受的自然灾害不承担赔偿责任。第四，有关赔偿程度的免责条款。这类条款是农业保险合同的常见条款，一般通过免赔率（免赔额）条款限制保险公司的赔偿数额。

6.1.3　免责条款的范畴

免责条款的范围在理论上存在广义说、狭义说、折中说之争。广义说采取实质性判断标准，认为一切使保险人不承担责任或减轻责任的合同条款都属于免责条款的范围。广义说贯彻最大诚信原则，为使投保人充分理解和领会保险合同的核心条款内容，保险责任、保险期间、除外责任、免赔额（率）、比例赔付等内容均属于免责条款的范围，保险人具有履行提示或明确说明的义务。① 狭义说从公平和效率的角度认为免责条款应限定在特定范围，不应过于加重保险人对免责条款的提示或说明义务，投保人也应当具备一定的审慎与注意义务，因此免责条款的范围应限定在合同中"除外责任"章节里的条款。② 折中说认为，若所有免除或减轻保险人责任的条款都在提示和明确说明之范围，将会给保险人造成过重的负担，不利于保险行业的长期发展，但若免责条款只限定在特定章节中，使散见于其他合同部分的免责条款内容不在提示和明确说明之列，非常不利于保障投保人的权益。因此，免责条款的范围不应过于扩大或限缩，免责条款不包括法定免责条款和违反法律法规效力性强制性规定的条款，只包括约定的减轻或免除保险

① 参见贾林清、许涛：《海商法保险法评论（第二卷）》，知识产权出版社 2007 年版，第 245 页；郭琳佳：《保险人说明义务之履行问题研究》，载《法律适用》2006 年第 5 期，第 18 页。

② 参见李理：《保险人说明义务若干疑难问题研究》，载《河北法学》2007 年第 12 期，第 51 页。

人责任的条款。①

在司法实务中,《最高人民法院关于适用〈中华人民共和国保险法〉若干问题的解释(二)》(以下简称《保险法司法解释(二)》第 9 条规定,保险人提供的格式合同文本中的责任免除条款、免赔额、免赔率、比例赔付或者给付等免除或者减轻保险人责任的条款,可以被认定为《保险法》第 17 条第 2 款规定的"免除保险人责任的条款"。保险人因投保人、被保险人违反法定或者约定义务,享有解除合同权利的条款,不属于《保险法》第 17 条第 2 款规定的"免除保险人责任的条款"。《保险法司法解释(二)》采取了折中说的观点,未将免责条款无限扩大,明确将保险人享有的合同解除权利排除在免责条款之外,但只要是免除或减轻保险人责任的条款,无论是约定免责条款还是法定免责条款,不论这类条款安排在保险合同的哪个章节,均属于免责条款的范畴。《保险法司法解释(二)》不仅明确了免责条款的范畴,还对免责条款的提示或明确说明义务的范畴和履行程度予以界定。第 10 条规定,保险人对法律法规的禁止性规定可只履行提示义务。即保险人对法定免责条款可只履行提示义务,但是对约定免责条款需要履行提示和明确说明两项义务。在义务履行的程度上,第 11 条规定,对保险合同中免除保险人责任的条款,以足以引起投保人注意的文字、字体、符号或者其他明显标志作出提示的,应当认定保险人履行了提示义务。因此,提示义务的审查施行的是形式要件标准。第 11 条同时规定,保险人对保险合同中有关免除保险人责任条款的概念、内容及其法律后果以书面或者口头形式向投保人作出常人能够理解的解释说明的,应当认定保险人履行了明确说明义务。因此,明确说明义务的审查施行的是实质要件标准,对免责条款概念、内容、法律后果的解释说明需要达到普通人能够理解的程度。

6.2 明确说明义务的理论标准与司法审查

6.2.1 明确说明义务的理论判断标准

理论界对明确说明义务的实质履行存在形式判断标准说和实质判断标准说。

① 参见鲁忠江:《〈保险法〉第 17 条司法解释规则评析——基于民法动态规制理论》,载《保险研究》2014 年第 1 期,第 93 页。

形式判断标准认为保险人以常人能够理解的方式进行了提示和解释说明，不论投保人是否真正地理解和领会，即可认定保险人履行了明确说明义务。① 保险实务中，保险合同通常单独设置"投保人声明"一栏，投保人在保险人要求下手写"我已知晓和理解保险合同的各项条款"等类似内容并签字，以证明保险人履行了明确说明义务。形式判断说以投保人也必须履行缔约合同的审慎和注意义务为前提，从形式上判断保险人是否履行了明确说明义务。② 但反对者认为，形式标准并不能判断保险人已经就免责条款的概念、内容、法律后果做出了明确说明，不利于实现立法目的，支持者则以举证便利和司法效率为理由强调形式判断标准的可行性和实用性。③

实质判断标准认为，保险人是否履行了明确说明义务以投保人是否真正理解和领会免责条款的概念、内容、法律后果为基础进行判断，而不以常人是否能够理解的标准判断。因为该理论认为，常人的理解程度处于不确定的状态和无法准确定义的程度，司法实践中只能以法官的自由裁量权去认定，不利于保障处于弱势地位的投保人，也不利于发挥法律法规的指引作用。④ 但反对者认为，若以实质标准进行认定，发生保险纠纷时保险人难以举证证明投保人真正清楚和理解了免责条款的概念、内容、法律后果，这将是投保人主张免责条款无效的利器，同样不利于立法目的之实现。⑤

6.2.2　明确说明义务的司法审查标准

对保险人是否履行了明确说明义务的司法认定中，在权衡司法公正和司法效率的基础上，法院主要从免责条款范围、免责条款内容合法性、义务履行方式三

---

① 参见陈群峰：《保险人说明义务之形式化危机与重构》，载《现代法学》2013年第6期，第188~189页。

② 参见潘红艳：《保险人免责条款明确说明义务检讨及替代制度研究》，载《甘肃社会科学》2013年第3期，第174页。

③ 参见汤小夫、刘振：《保险免责条款效力认定中的20个审判热点问题》，载《人民司法》2010年第15期，第35~41页。

④ 参见陈群峰：《保险人说明义务之形式化危机与重构》，载《现代法学》2013年第6期，第188~189页。

⑤ 参见龚贻生、朱铭来、吕岩：《论保险合同免责条款和保险人明确说明义务——〈保险法〉第17条和第19条的理解和适用》，载《保险研究》2011年第9期，第102页。

个方面进行审查。①

第一，免责条款范围的审查。《保险法司法解释(二)》规定，凡是免除或减轻保险人责任的条款均属于免责条款，包括免赔率(额)、比例赔付等散见于保险合同中的条款、免责条款的概念和法律后果等隐性的免责条款。法院首先判断投保人主张无效的条款是否属于免责条款的范围。例如农作物的旱地玉米种植保险，条款中规定玉米因旱灾遭受的损失属于保险理赔的范围。该条款属于免责条款，若因雹灾减产或绝收，保险公司不负责赔偿；若雹灾后投保农户补种和翻种玉米，但因为生长期不足而导致减产或绝收，也不属于该保险险种的理赔范围。②

第二，免责条款内容合法性的审查。在条款属于免责条款范围后，法院对免责条款的内容是否违反法律法规禁止性规定进行审查。若免责条款内容不具有合法性，则免责条款直接认定为无效条款。例如《农业保险条例》第 11 条规定，“在农业保险合同有效期内，合同当事人不得因保险标的的危险程度发生变化增加保险费或者解除农业保险合同”。保险公司与投保农户签订的农业保险合同条款中，若存在“发生非洲猪瘟致使生长期的育肥猪处于较危险情况下，保险公司有权解除合同”等类似的条款，则法院可直接认定该条款无效。虽然该条款文义上是保险公司享有的合同解除权，但实质上是保险标的处于更加危险程度时保险公司通过解除合同而免除保险责任的行为，违反了法规的效力性强制性规定，内容上不具有合法性。只有当免责条款的内容符合合法性审查后，才进行免责条款说明方式的审查。

第三，义务履行方式的审查。免责条款分为法定免责条款和约定免责条款，根据《保险法司法解释(二)》的相关规定，保险人需要对法定免责条款履行提示义务，对约定免责条款履行提示和明确说明义务。在法定免责条款提示义务履行方式的审查中，法院通常审查这类条款是否以足以引起投保人注意的文字、字体、符号或者其他明显标志作出提示为标准。在农业保险领域，除了农业大户

① 参见于永宁：《保险人说明义务的司法审查——以〈保险法司法解释二〉为中心》，载《法学论坛》2015 年第 6 期，第 129 页。

② 参见王某与安华农业保险股份有限公司鄂尔多斯市伊金霍洛旗支公司保险纠纷二审民事判决书(2018)内 06 民终 1530 号。

外，通常由村委会、农技站等组织农民进行集体投保，因此在缔约合同前保险公司并未向投保农户提供农业保险合同范本，而是通过公示的形式向各村农户展示农业保险合同主要条款。因此在农业保险领域，保险公司通常以公示的形式履行提示和明确说明义务，而非以口头或书面形式。虽然依据实质标准判断说，公示形式只能证明履行了提示义务，并不能证明保险人履行了明确说明义务，但是在司法实务中，法院以公示的时间和内容为基础形式上判断保险公司是否向投保农户履行了提示和说明义务。

6.3　免责条款效力争议的司法实践

从 2013 年至 2019 年审结的农业保险合同纠纷案件中，免责条款纠纷主要分为两类，一为原告农户认为保险公司未在农业保险合同成立前或成立时履行提示和明确说明义务，主张免责条款无效；二为被告保险公司认为原告投保人已在投保声明栏签字，足以证明其履行了提示和明确说明义务，主张免责条款有效。

6.3.1　互相矛盾的免责条款案例介绍与分析

1. 案例介绍：房某某与安华农险公司农业保险合同纠纷案件①

原告房某某诉称：2018 年 4 月 1 日，房某某参加了安华公司的食用菌种植成本保险，该公司还强制参加了家庭房屋保险。由于今年 7 月极端高温连续 12 天，使木耳实体自溶分解严重减产，直接造成采摘期延后 20 天左右。后来 8 月 25 日的一场洪水木耳菌袋被冲毁，造成绝产绝收。以上原因使采摘量减收 30%左右。房某某在第一时间报案，至今没有结果。

原告房某某诉讼请求：被告安华公司赔偿食用菌每袋 0. 25 元，合计 1 万元。

被告安华农险公司辩称：根据保险条款，安华公司对每次事故的相对免赔率为 10%，7 月 26 日至 8 月 15 日的采摘比例为 10%，房某某诉称的保险事故发生于 2018 年 8 月 25 日，最高采摘比例为 10%，况且此间进行过采摘，剩余采摘量肯定不足 10%，因此符合保险条款中约定的每次事故 10%的相对免赔率，不属于

① 参见房某某与安华农业保险股份有限公司延边中心支公司财产损失保险合同纠纷一审民事判决书(2018)吉 2424 民初 1183 号。

理赔范围。房某某主张的损失数量及数额，应当由房某某承担举证责任。8月13日至8月25日出现连雨天气，根据木耳生长的采摘期限，8月15日之前应当根据天气情况及时采摘减少损失，但是房某某是否尽到此义务，如果其主张损失全部存在，显然房某某没有尽到减损义务，对此部分安华公司也应免除赔偿责任。另外补充，7、8月的高温，安华公司未接到原告房某某的报案，没有必要查勘定损，损失无法确定，安华公司不承担赔偿责任。

一审法院认定事实：2018年4月9日，在汪清县天桥岭镇东新村，被告安华公司现场办理农业保险，原告房某某交纳了保险费1300元，省、县财政另外补贴1300元，其投保木耳菌数量4万段，当时房某某等几十人依次在安华公司提供的食用菌种植成本保险投保申请格式明细表中签字。该明细表上方有“请您详细阅读明细表背面告知内容”等字样，明细表背面为保险投保须知，其中规定每次事故的相对免赔率为20%。2018年夏季，东新村木耳基地多日高温，安华公司出示的气象局天气特点报告中，汪清县2018年7月15日至8月4日平均气温26.5°C，而房某某提供的气象局观测记录表显示，汪清县2018年7月19日至8月4日最高气温均值达到34°C。同年8月25日，汪清县突发洪灾，房某某投保的4万段木耳菌全部被洪水冲走灭失。嗣后，双方就高温和洪水两次保险事故是否理赔产生争议，安华公司至今亦未发出拒绝赔偿通知书。诉讼中，当事人均提供了格式食用菌种植成本保险单和保险条款。保险单载明投保人为东新村57户；每段食用菌保险金额1.3元；保险期间自2018年4月10日零时起至2018年8月30日24时止；投保组织者为东新村委会；联系人为陈某某；特别约定栏空白无内容。保险条款(字体很小)共42条，其中规定每次事故的相对免赔率为10%；春耳在7月16日至7月25日采摘量占单位标准产量比例为25%，7月26日至8月15日占比为10%；采用保险人提供格式条款的，保险人提供的保险单应当附格式条款，保险人应当向投保人说明保险合同的内容。房某某主张高温及洪水两次事故通过陈某某向安华公司报过案，保险单和收据系洪水之后在村委会陈某某给的，保险条款是洪水之后向安华公司索要取得。东新村报账员陈某某到庭证明房某某的主张属实，但其未明确如何向安华公司转报的保险事故。东新村村委会主任马某某书面证实安华公司于2018年7月中才将保险单和收据送到村办公室。安华公司则抗辩认为，只接到洪水报案，办理保险时当场给了投保人保险单和保险条款，相关内容贴在村委会窗户上，其为此提供的5张照片中主要为投保结果公示表，无保险条款。安华公司还提供了2016年至2017年测产表、定损单、委托韦某某代理协议以及木耳受灾情况说明等书面证据，主要证实食用菌专家韦某某认为8月25日时木耳留存量不足10%。房某某相应提供了韦某某的书面证言，其证实8月15日木耳采摘不能结束，8月25日洪水过后原、被告开过座谈会。

另查明，延边州政府办公室曾于2018年2月8日制定了《食用菌种植成本保险实施方案》，其中规定，为保障重点特色农业产业发展，通过政策性保险手段防范和化解种植风险，各级政府财政补贴一定比例的保险费；保险期间内由于暴雨、洪水、冻灾等，室外生长的食用菌连续10天的阴雨天气，室外生长的食用菌连续10天日最高气温超过30°C的高温天气，直接造成保险标的损失，保险人负赔偿责任；保险金额为每段食用菌1.3元，保险费率5%，相对免赔率10%，保险期间以保险合同中载明的起止时间为准；赔付标准……7月16日至7月25日采摘量为25%，最高赔付35%，7月26日至8月15日，采摘量为10%，最高赔付10%。该方案还规定了其他内容。

一审法院认为：原告房某某与被告安华公司之间的农业保险合同，不违反法律、行政法规关于合同效力性强制性规定，成立并有效。该合同虽然保险费中包含一定比例的政府财政资金补贴，但其法律性质仍然属商业保险，受我国合同法、保险法及相关司法解释的调整和拘束。关于免除保险人责任等保险条款的效力争议：(1)安华公司应对履行明确说明义务负举证责任，而贴在窗户上的公示表内容不全面，且无佐证证实是否于投保日张贴；(2)投保明细表背面确有部分告知条款，但根据日常行为习惯，多人连续签字时翻看背面内容的盖然性很低；(3)证人陈某某到庭及村委会书面均证实，安华公司并非在投保时将保险单交付被保险人；(4)保险单中保险期间至8月30日止，无被保险人签字和特别约定，而保险条款中只对春耳产量占比列至8月15日，每次事故相对免赔率为10%，投保申请明细表背面则为“每次事故相对免赔率20%”。因此安华公司提供的各种格式保险凭证中保险期间、免赔率等重要事项内容不一致，其履行了明确说明义务的理由和证据不充分，在本案中免除保险人责任的条款不产生效力。关于高温保险事故是否报案的争议：(1)证人陈某某与房某某虽为同村村民，但其同时为安华公司认可的保险联系人，向联系人报案视为已向安华公司提出索赔申请。

(2)2018年7月末8月初，汪清县、延边州乃至全球更大范围的地区，持续出现历史上罕见的高温天气，这是众所周知的事实，即使陈某某未上报灾情，安华公司亦应当及时知道发生了高温保险事故。(3)2018年7月15日至8月4日汪清县平均气温26.5°C的事实，根本不可能推翻同年7月19日至8月4日汪清县最高气温均值达到34°C的客观存在。因此本案中对房某某涉及高温报案的主张予以支持。关于洪水保险事故是否理赔的争议：(1)双方针对2018年春耳采摘期延长的问题无补充约定。(2)8月25日暴发洪水时虽于保险期内，但木耳全部灭失，剩余采摘量已无据可查。(3)安华公司往年的测产表、定损单等证据与本案无必然联系，不予采纳，韦某某给双方的书面证言不具体明确。因此房某某的此项诉请证据不足。

据此，为维护当事人合法权益，及时定纷止争，在保险条款不产生效力及标的物灭失的情况下，本案涉及的财产损失保险理赔标准可采用定额的方式，即参照延边州政府的相关文件规定，2018年7月末8月初的高温事故中，最高赔付标准在35%~10%，确定15%适当。州政府文件同时规定了相对免赔率、8月15日的采摘量以及赔付标准均为10%，以此推定8月25日时采摘量不足10%，按该文件标准洪水事故亦难以理赔。综上所述，安华公司在保险事故发生后未依法处置理赔事务，已构成违约，应承担及时理赔的民事责任。

判决结果：被告安华农业保险股份有限公司延边中心支公司应于本判决生效之日起10日内，向原告房某某赔偿高温保险事故保险金7800元(1.3元×15%×40000段)。如果未按本判决指定的期间履行给付金钱义务，应当依照《中华人民共和国民事诉讼法》第253条之规定，加倍支付迟延履行期间的债务利息。案件受理费50元中，原告房某某负担11元，被告安华公司负担39元。

2. 案例分析

一审诉讼的主要争议为免责条款是否有效。该案中，木耳成本保险的保险单条款印有相对免赔率为10%的免责条款，安华农险公司认为该条款有效，在投保公示时已经履行了提示和明确说明义务。但法院认为，第一，安华农险公司并未以足以引起投保人注意的文字在投保申请明细表印刷相对免赔率的免责条款；第二，公示照片无法证明公示了免责条款，也无法证明在农业保险合同签订前或签订时进行了公示；第三，木耳成本保险的保险单并未在合同成立前或成立时交付投保人，不能以保险单上的印刷文字证明保险人在合同签订前或签订时履行了提示和明确说明义务，因此判定免责条款无效，安华公司应当承担赔偿责任。

在免责条款的司法审查中，法院应从免责条款范围、内容合法性、义务履行方式三个方面进行审查。第一，对免责条款范围的审查。食用菌每次事故的相对免赔率为 10%或 20%，是减轻保险人责任的条款，属于免责条款的范畴。第二，对免责条款内容合法性的审查。农业保险合同中相对免赔率(额)内容不违反法律法规禁止性规定，因此内容具有合法性。第三，对保险人履行免责条款提示和明确说明义务的审查。(1)安华农险公司提供给投保农户的投保申请明细表中载明的相对免赔率为 20%，与正式保险单条款 10%的相对免赔率不一致，不能以投保申请明细表证明保险人履行了正式保险单中免责条款的提示和明确说明义务。(2)安华农险公司提供的公示内容只有投保人姓名和投保亩数等情况，没有保险单中的免责条款内容，不能以公示证明保险人履行了提示和明确说明义务。(3)延边州政府办公室于 2018 年 2 月 8 日制定的《食用菌种植成本保险实施方案》中规定食用菌相对免赔率为 10%，该方案为政府文件非法律法规，内容不属于法定免责条款，不能以法定免责条款不需履行明确说明义务进行抗辩。(4)安华农险公司未在农业保险合同成立前或成立时向投保农户提供保险单，不能以保险单中已经载明的免责条款内容主张履行了提示和明确说明义务。综合分析，安华农险公司并未在农业保险合同成立前或成立时以足以引起投保农户注意的文字或公示形式向投保农户提示和明确说明相对免赔率为 10%的免责条款，该免责条款无效。

6.3.2　形式要件审查的免责条款案例介绍与分析

1. 案例介绍：顺城养殖有限公司与人保财险公司农业保险合同纠纷案件①

原告顺城公司诉称：2017 年 5 月 10 日，顺城公司在保险公司投保了育肥猪养殖保险，保险数量 16016 头，单位保险金额 500 元，保险期间 6 个月，自 2017 年 5 月 12 日零时起至 2017 年 11 月 11 日 24 时止。除国家补贴外，顺城公司共支付保险费 80080 元。2017 年 5 月 12 日零时起至 2017 年 5 月 26 日 24 时顺城公司

① 参见保定市徐水区顺城养殖有限公司与中国人民财产保险股份有限公司徐水支公司保险纠纷一审民事判决书(2017)冀 0609 民初 1361 号，二审民事判决书(2017)冀 06 民终 5772 号。

投保的育肥猪部分出现疾病死亡，顺城公司多次要求保险公司到顺城公司勘察，并提出理赔，保险公司称顺城公司投保的保险有15日的疾病观察期，拒绝勘察并拒绝赔偿。但保险公司所称的责任免除条款并未告知顺城公司，也未向顺城公司明确说明。顺城公司多次要求退还保险公司所称的疾病观察期的保费，保险公司拒绝退还。保险条款中的“观察期”条款，违反《合同法》第3条“合同当事人的法律地位平等，一方不得将自己的意志强加给另一方”及《农业保险条例》第11条“在农业保险合同有效期内，合同当事人不得因保险标的的危险程度发生变化增加保险费或者解除农业保险合同”的规定。属于《合同法》第52条规定的合同无效情形的第三项，以合法形式掩盖非法目的以及违反《保险法》第19条“采用保险人提供的格式条款订立的保险合同中的下列条款无效：（一）免除保险人依法应承担的义务或者加重投保人、被保险人责任的；（二）排除投保人、被保险人或者受益人依法享有的权利的”规定，该条款无效。

原告顺城公司诉讼请求：判令保险公司退还保险费6673元。

被告保险公司辩称：1. 顺城公司在我公司投保保险情况属实，该保险合同已发生法律效力；2. 顺城公司起诉退还部分保险费，不成立，不符合《保险法》关于退还保险费的规定；3. 在顺城公司投保时，已将免责条款对其进行了解释说明，且顺城公司在投保单中已加盖公章，同时在保险单正本中特别约定栏处，明确载明自承保之日起15日内为疾病观察期，保险条款也用黑体字的形式予以标注。因此，顺城公司的诉请没有法律依据，应予驳回。

一审法院认定事实：1. 2017年5月10日，顺城公司在保险公司投保了育肥猪养殖保险，保险标的项目为育肥猪，保险数量16016头，单位保险金额500元，保险金额8008000元，保险期间6个月，自2017年5月12日零时起至2017年11月11日24时止。保险费400400元，其中各级财政补贴320320元，顺城公司交纳80080元。2. 双方使用的合同条款为保险公司提供的格式条款《育肥猪养殖保险条款》，该条款第3条约定，在保险期间内，由于下列原因直接造成育肥猪死亡的，保险人按照本保险合同的约定负责赔偿：（1）猪丹毒……（2）暴雨……（3）火灾……该条款第4条约定，在保险期限内，由于发生第3条第（1）项中列明的高传染性疫病，政府实施强制扑杀导致保险育肥猪死亡，保险人也负责赔偿，但赔偿金额以保险金额扣减政府扑杀专项补贴金额的差额为限。在责任免除部分，使用了字体加粗加黑方式，其中第5条约定，下列原因造成的损失、费用，保险人不负责赔偿：……保险育肥猪在疾病观察期内因第3条第(1)项中列明的疾病导致死亡及第4条中政府实施强制扑杀导致保险育肥猪死亡；……第10条约定，自本保险期间开始之日起15日内为保险育肥猪的疾病观察期。

对当事人有争议的证据和事实，一审法院认定如下：

顺城公司称，保险公司没有交付保险条款，也没有对保险条款进行说明，不知道有"观察期"。保险公司质证称，向顺城公司交付了保险条款并对免责条款履行了提示和明确说明义务。提供保险条款和加盖有顺城公司公章的投保单、投保提示(2016版)加以证实，投保单中投保人声明栏中记载：保险人已向本人提供并详细介绍了本保险所适用的条款，并对其中免除保险人责任的条款(包括但不限于责任免除、投保人被保险人义务、赔偿处理、其他事项等)，以及本保险合同中付费约定和特别约定的内容向本人做了明确说明，本人已充分理解并接受上述内容，同意以此作为订立保险合同的依据，自愿投保本保险。上述所填写的内容均属实。顺城公司质证称，公章是我公司的，是保险公司人员拿过去加盖的，盖章后没有给我保险条款，也没有介绍内容，投保险时说今年没有观察期。法院认为，保险公司提交的投保单的投保人声明栏中明确记载有已向本人提供并详细介绍了保险条款，且对其中的免责条款向本人做了明确说明，顺城公司在此处加盖了公章，法院对保险公司主张的已向顺城公司提供了保险条款，并对保险条款中责任免除向顺城公司履行了提示和明确说明义务的事实，予以采信。

法院认为，顺城公司向保险公司投保育肥猪养殖保险，保险公司将保险条款提供给顺城公司，顺城公司经阅读，且经保险公司对其中的免责条款向顺城公司作出明确说明后，顺城公司决定投保，并向保险公司交纳了保费，故双方签订的保险合同，系双方当事人的真实意思表示，不存在一方将自己的意志强加给另一方的情形。保险公司依据该保险种类的性质，设定自保险期间开始之日起15日内为保险育肥猪的疾病观察期，且在保险条款的责任免除部分用加粗加黑方式表述了疾病观察期内发生疾病造成的损失和费用，保险公司不予赔偿，保险公司还对上述条款向顺城公司履行了明确说明义务，以上条款已经生效。上述条款并不属于《农业保险条例》第11条规定的在保险期内，因危险程度的变化而增加保费的情形，也不属于以合法形式掩盖非法目的的合同无效情形，因此，上述保险条款并不违反法律法规的强制性规定，为有效条款。顺城公司以该条款无效为由，要求保险公司退还保费的请求，法院不予支持。

一审法院判决结果：依照《中华人民共和国合同法》第 44 条、第 52 条，《中华人民共和国保险法》第 17 条规定，判决如下：驳回原告保定市徐水区顺城养殖有限公司的诉讼请求。

顺城公司不服一审判决上诉称：根据上诉人与被上诉人 2017 年 5 月 12 日生效的保险合同，疾病观察期为 15 日，去年我公司为该条款事宜一直找保险经办人史某某协商，史某某承诺今年不再设疾病观察期，该经办人让我方交了保费，并带走了我公司公章。被上诉人违反了保监发(2015)25 号文件关于“五、种植业保险及能繁母猪、生猪、奶牛等，按头(只)保险的大牲畜保险条款中不得设置绝对免赔”的规定。故请求二审法院查明事实，改判或发回重审。

顺城公司上诉请求：1. 判令撤销河北省保定市徐水区人民法院(2017)冀 0609 民初 1361 号民事判决，改判或发回重审；2. 本案一、二审费用由被上诉人承担。

被上诉人人民财险公司辩称：保险合同条款所约定的疾病观察期，保定市徐水区顺城养殖有限公司作为本案的上诉人非常清楚。我公司向一审法院提交了投保手续和相关证据，该证据上有上诉人的公司印章加以证实，我公司已对疾病观察期这一约定明确告知了上诉人。根据《农业保险条例》的规定，也是按照农业保险合同的约定进行赔付保险金，双方合同明确约定了 15 天的观察期，我方不予赔付也是符合合同约定。同时我方并未加重投保人的责任。双方合同约定设立疾病观察期，收取保费，完全符合《保险法》和国家的相关文件规定的。一审判决认定事实清楚，适用法律正确，应予维持。

二审法院认为：保定市徐水区顺城养殖有限公司与中国人民财产保险股份有限公司徐水支公司签订育肥猪养殖保险合同，按约定交纳保费，系双方当事人真实意思表示。被上诉人中国人民财产保险股份有限公司徐水支公司主张其向保定市徐水区顺城养殖有限公司交付了保险条款并对免责条款履行了提示和明确说明义务，上述事实有被上诉人提供的保险条款和加盖有保定市徐水区顺城养殖有限公司公章的投保单、投保提示(2016 年版)予以证实，投保单中投保人声明栏中记载：“保险人已向本人提供并详细介绍了本保险所适用的条款，并对其中免除保险人责任的条款(包括但不限于责任免除、投保人被保险人义务、赔偿处理、其他事项等)，以及本保险合同中付费约定和特别约定的内容向本人做了明确说明，本人已充分理解并接受上述内容，同意以此作为订立保险合同的依据，自愿投保本保险。上述所填写的内容均属实。”法院认为，上述证据足以证明被上诉人已向上诉人提供了保险条款，并对保险条款中的责任免除向上诉人履行了提示和明确说明义务。上诉人主张其与被上诉人签订的育肥猪养殖保险合同条款违反保监发(2015)25 号文件的相关规定，应认定该保险合同属于无效合同。法院认为，保定市徐水区顺城养殖有限公司与中国人民财产保险股份有限公司徐水支公司签订育肥猪养殖保险合同中关于 15 日疾病观察期的约定，系双方当事人真实意思表示，且不违反法律及行政法规强制性规定，符合合同法的相关规定，该保险合同依法成立并有效。故原审判决驳回保定市徐水区顺城养殖有限公司的诉讼请求，并无不当，应予维持。

法院判决结果：驳回上诉，维持原判。

2. 案例分析

一、二审诉讼的主要争议为保险公司提供的疾病观察期免责条款是否向投保人履行了提示和明确说明义务。原告顺城公司认为，保险公司虽然提供了保险单及保险条款，但未向其提示及明确说明有关疾病观察期的免责条款。被告人保财险公司认为，保险单的特别约定栏记载了“保险人已经向投保人提示和明确说明了免责条款的相关内容，投保人已充分理解”的意思，投保人顺城公司也已经在该栏加盖公司公章，且疾病观察期等免责条款已经用加粗加黑的字体印刷，已经能够充分证明保险人对免责条款履行了提示和明确说明义务。一审法院和二审法院均秉持形式判断标准，只要有证据充分证明保险公司对免责条款履行了提示义务，就推断保险公司也履行了明确说明义务，明确说明的程度也达到了投保人理解的程度。

对免责条款的分析，应当从免责条款范围、内容合法性、义务履行方式三个方面进行审查。第一，育肥猪疾病观察期是否属于免责条款的范畴。顺城公司认为，疾病观察期条款违反《农业保险条例》第 11 条“在农业保险合同有效期内，合同当事人不得因保险标的的危险程度发生变化增加保险费或者解除农业保险合同”的规定，同时也违反《保险法》第 19 条“采用保险人提供的格式条款订立的保险合同中的下列条款无效：(一)免除保险人依法应承担的义务或者加重投保人、被保险人责任的；(二)排除投保人、被保险人或者受益人依法享有的权利的”的规定，主张该条款无效。首先，疾病观察期主要针对健康保险，是指在农业保险合同成立生效后的特定期间，保险公司不对保险标的育肥猪发生疾病的治疗费用或死亡损失承担保险责任的条款。该条款既不涉及保费增加也与解除合同权利无关，并不属于《农业保险条例》第19条的规定。其次，《保险法》第19条第1款规定的是免除保险人依照法律法规应当承担的义务或加重投保人的责任，而疾病观察期的约定不属于法律法规规定的保险人义务，关于保险生效期间的约定也没有加重投保人的责任，因此不属于法定无效条款的范畴。综上所述，育肥猪疾病观察期属于约定免责条款的范畴。

第二，育肥猪疾病观察期的内容是否具有合法性。现行的《合同法》《保险法》《农业保险条例》均未禁止农业保险合同设置疾病观察期，也未违反其他法律法规的禁止性规定，因此疾病观察期的内容具有合法性。

第三，保险公司是否向投保人履行了疾病观察期条款的提示和明确说明义务。该条是原被告双方争议的主要焦点，也是案件胜败的关键。首先，保险单的疾病观察期条款由加粗加黑的字体印刷，特别约定栏也已经加盖了原告顺城公司的公章。虽然顺城公司辩称公司的公章由保险公司经办人拿走并由其在保险单上盖章，顺城公司对保险单内容并不知晓。但是顺城公司作为公司法人，在缔约农业保险合同时应该比一般农户承担更高的审慎和注意义务，也应当妥善保管公司公章和正确使用公章，因此顺城公司应该承担不谨慎保管公章的过失责任和承担不利后果。保险公司提供的证据能够证明其履行了提示义务。其次，原被告双方对保险公司是否履行了明确说明义务存在严重分歧。保险公司提供的证据只能证明其履行了疾病观察期条款的提示义务，无法证明也履行了明确说明义务，但一审法院和二审法院均以形式标准进行推断，以履行了提示义务推断出也履行了明确说明义务。正如该章前文所述，尽管形式判断标准解决了举证的难题，但是却未能顾及弱势投保人的权益，不利于免责条款目的之实现。

第 7 章　农业保险合同诉讼焦点之五：事实认定

“以事实为根据，以法律为准绳”是民事案件处理的一项基本准则。民事诉讼活动中的核心问题是查清事实，农业保险案件的事实分为案件的证据事实和案件的法律事实，法院依据诉讼双方提供的证据判断证据事实，再结合法律条文和生活经验认定法律事实。① 因此，由于农业生产的周期性和不可再现性，法院会通过优势证据认定证据事实和法律事实。农业保险合同纠纷案件胜败的关键之一在于支持己方诉讼主张的证据是否确实、充分，但由于大部分农民法律意识淡薄和法律专业知识能力有限，在投保标的物受灾时和受灾后不会及时提取和固定证据，在诉讼中往往处于不利的地位。

在中国裁判文书网公开的所有农业保险合同纠纷案件中，超过 70%的案件涉及事实认定的纷争。② 投保人与保险公司主要在投保面积和投保位置，保险标的物受灾的原因、数量、范围、灾害损失率、赔偿范围与标准，投保标的物之单位换算等事实认定方面存在着较大的分歧。

7.1　集体投保事实认定争议的司法实践

由于农业保险的政策性，很多地区在投保时并非一户一投，而是由村委会或当地农机站等组织各村农民进行集体投保。有些保险公司为了节省成本和提高业务效率，允许保费由投保组织者统一缴纳，保险公司只出具登记了总投保金额、

① 参见耿宝建：《在法律与事实之间——司法裁判中事实认定过程的法理分析》，载《河北法学》2008 年第 1 期，第 137 页。

② 数据来源：中国裁判文书网公布的中国农业保险合同诉讼案例(2013—2019 年)。

投保总户数、总投保面积，但无具体分户的一张保险单。在受灾面积较广且受灾程度较严重时，如何理赔到户成为保险公司合规经营业务的难解之题。

7.1.1 集体投保争议案例介绍

在山东省青岛市某村 309 户农民与人保财险公司的保险合同中，当秋玉米因旱灾大面积绝产时，因农户报险的户数、面积大于总保险单记载的数据，且农机合作社和村委会均无法提供具体分户投保清单，致使保险公司迟迟不能理赔到户。①

原告陈某某等投保农户诉称：原告于 2015 年 7 月 30 日通过青岛清保农机专业合作社在被告处投保玉米种植险(保险单号 PHN520153702××××××××××)，保险面积 10 亩，保险期间自 2015 年 7 月 31 日零时起至 2015 年 10 月 31 日 24 时止，保险费由青岛清保农机专业合作社统一缴纳。保险合同生效后，因遭受罕见旱情导致玉米大面积绝产。2015 年 10 月，经青岛市黄岛区农村经济发展局和青岛市黄岛区胶河经济区农业服务中心协同被告现场勘查，确定保险标的因灾受损。原告系被保险人，原告实际耕种 10 亩，按照每亩保险金额 500 元计算，被告应当赔付保险金 5000 元，但被告至今不履行赔付义务。

原告陈某某等投保农户诉讼请求：1. 判令被告赔付保险金人民币 5000 元；2. 判令被告承担本案诉讼费。

被告人民财险公司青岛市分公司辩称：一、关于保险合同的投保过程、保险合同概况及相关各方保险利益问题：1. 保险合同的投保过程、保险合同的概况：2015 年 7 月 30 日，人保公司与胶河经济区农业服务中心签订保单号为 PHN520153702××××××××××的政策性秋玉米保险合同，合同期限为 2015 年 7 月 31 日至 2015 年 10 月 31 日，合同标的为 89 个大户的 28709.60 亩秋

① 参见山东省青岛市黄岛区人民法院一审民事判决书(2018)鲁 0211 民初 15609 号、15610 号、15619 号、15622 号、15677 号、15679 号、15680 号、15698 号、15700 号、15925 号、15950 号、15953 号、15954 号、15964 号、15965 号、15966 号、15968 号、15969 号、15972 号、17143 号、17154 号、17155 号、17158 号、17161 号、17165 号、17166 号、17170 号、17171 号、17176 号、17216 号、17217 号、17218 号、17219 号、17222 号、17224 号、17233 号、17241 号、17251 号、17293 号、17309 号、17313 号、17314 号、17329 号、17332 号、17578 号等 309 份裁判文书。

玉米。在保险期限内，人保公司接到胶河经济区农业服务中心的批改申请，申请将部分大户项下的 9272.50 亩农户自交保费部分更改为具体家户，并提供了投保农户分户明细及清单。人保公司根据申请进行了批改，并按照合同约定对该部分农户遭受的秋玉米损失在 2015 年年底进行了赔付。除此之外，人保公司再无收到胶河经济区农业服务中心及清保农机专业合作社的其他大户名下的具体分户投保清单。2. 相关各方保险利益事项：(1)除前述 9272.50 亩农户自交保费之外的其他大户名下的分户投保清单胶河经济区农业服务中心及清保农机专业合作社自始至终并没有提交给人保公司，原告主张保险利益，应当证明系涉案保险的被保险人。(2)屯里集的三个大户代表为张某某、刘某某、刘某，其中张某某代表亩数 454.1 亩、刘某某代表 329.6 亩、刘某代表 336.1 亩，但合作社一直未提交三个大户名下所投保秋玉米亩数的土地流转合同或土地承包手续。根据《农业保险条例》第 10 条第 2 款及青岛市黄岛区农发局《关于做好 2015 年秋玉米政策性农业保险工作的通知》青黄农字[2015]20 号第 3 条、黄岛区 2015 年种植业政策性保险工作实施方案第 5 条操作程序的规定"请各镇(街道)于 2015 年 7 月 20 日将秋玉米的投保台账及时报送人保公司，并附送电子版和所属各村分户明细的公示照片电子版，确保投保单、投保明细表及汇总表填写详实等"相关政策性文件规定，各大户名下的分户投保清单由各乡镇、街道办农业中心部门和村委会负责，包括电子版及公示内容。(3)由于其他分户未提交投保清单、分户明细及电子版公示照片，人保公司虽然已收取汇总秋玉米亩数的保险费并出具保险单，但保险合同并未生效。二、每亩玉米的保险金额及赔付标准。本案所涉保险玉米赔付标准：按照不同生产期(阶段)对每亩按照的一定比例进行赔付。本案中所涉生产期为 2015 年 8 月 1 日至 3 月 15 日，每亩赔偿标准为：保险金额 500 元×50%＝250 元。后经区农发局与人保青岛市分公司共同确定了赔偿标准为每亩 280 元。三、按照财政部文件(关于印发《中央财政农业保险保险费补贴管理办法》的通知财金[2016]123 号)的规定，相关的保险理赔款应当赔付至具体农户的"一卡通"账号内，应当保证将保险理赔款支付到农户本人。且原告起诉的诉讼时效已经经过。

法院经审理查明：2015 年 6 月 29 日，青岛市黄岛区农村经济发展局发文《关于做好 2015 年秋玉米政策性农业保险工作的通知》后，由青岛市黄岛区胶河经济区农业服务中心负责 2015 年胶河经济区秋玉米的具体投保工作，并按照文件要求在胶河经济区32个自然村中发动、引导广大农户自愿投保。

2015年7月30日，青岛市黄岛区胶河经济区农业服务中心、青岛清保农机专业合作社作为投保人与被告签订了政策性种植保险合同，被告当日为投保人签发了《中国人民财产保险股份有限公司种植业保险投保单》，投保单载明：保险标的为秋玉米，投保户数为89户，投保方式为团体投保，投保亩数为28709.6亩，每亩保险金额为500元，合计保费430644元，保险期间自2015年7月31日零时至2015年10月31日24时止，保费每亩15元，采取中央财政(35%)、地市财政(27.5%)、县区财政(27.5%)补贴与农户(10%)自缴方式。青岛市黄岛区胶河经济区农业服务中心、青岛清保农机专业合作社分别在投保人声明处盖章，声明：保险人已向本人提供并详细介绍了本保险所适用的条款，并对其中免除保险人责任的条款(包括但不限于责任免除、投保人被保险人义务、赔偿处理、其他事项等)，以及本保险合同中付费约定和特别约定的内容向本人作了明确说明，本人已充分理解并接受上述内容，同意以此作为订立保险合同的依据，自愿投保本产品。原告所在的胶河经济区屯里集村的全部投保玉米(除去财政补贴份额)由青岛清保农机专业合作社缴纳保费。

保险条款第22条约定，保险玉米发生保险责任范围内的损失，保险人按以下方式计算赔偿：(1)保险玉米的损失率在80%以下(不含)时，保险人按照以下方式计算赔偿：赔偿金额=不同生长期的每亩最高赔偿标准×受损面积、损失率=单位面积平均植株损失数量/单位面积平均植株数量。针对不同的生长期，约定在公历8月1日至公历8月15日，赔偿金额=每亩保险金额×50%、公历8月16日至公历8月31日，赔偿金额=每亩保险金额×80%、公历9月1日至收割完毕，赔偿金额=每亩保险金额×100%。第23条约定，发生保险事故时，保险单载明的保险面积小于其可保面积时，若无法区分保险玉米与非保险玉米的，保险人按保险单载明的保险面积与可保面积的比例计算赔偿。保险单载明的保险面积大于其可保面积时，保险人以可保面积为赔偿计算标准。本条所指可保面积指符合本保险合同约定的保险玉米实际种植面积。

经与黄岛区农村经济发展局、屯里集村民委员会了解，各村玉米的耕种亩数并未统计在册，因秋玉米不同于小麦，不享受种植补贴，订立合同时的总投保亩数为参照当年小麦种植面积总数估算一定比例投保。因当时投保任务紧急，投保数量大，投保村落多，投保农户分散，为便于订立保险合同，投保人参照当年小麦耕种亩数预估秋玉米亩数，每村选取几户代表作为大户，共计组成 89 户，列明投保清单交给被告。89 个大户中，屯里集三个大户代表为张某某、刘某某、刘某，其中张某某代表亩数 454.1 亩、刘某某代表 329.6 亩、刘某代表 336.1 亩，合计 1119.8 亩。合同订立后，被告并未制作详细投保清单并予以公示，被告辩解系青岛清保农机专业合作社未提交。

2015 年 9 月，青岛清保农机专业合作社与屯里集农户签订“三统一”服务协议，约定由合作社为农户提供化肥、种子、农机服务，由农户自报当年耕种玉米面积，该协议约定如果出险，保险金理赔后，按照一定比例返给合作社。对于与合作社签订三统一协议的，合作社明确为其投保，对于没有签订三统一协议的，合作社没有为其投保，合作社与农户之间系松散的合作关系，并非会员制。2015 年 9 月，胶河地区发生旱情，秋玉米绝产，2015 年 10 月，经青岛市黄岛区农村经济发展局和青岛市黄岛区胶河经济区农业服务中心协同被告现场勘查，确定保险标的因旱灾受损，并对各村的减产情况进行了实地调查，确定各村的减产比例情况，其中六汪镇玉米的减产比例为 70%，被告对屯里集秋玉米灾害情况选取三户农户进行了抽查(亩数、减产比例)，农户、被告工作人员、屯里集村委负责人在抽查表上签字。因被保险标的秋玉米生长期为 2015 年 8 月 1 日至 8 月 15 日，每亩赔偿标准为：保险金额 500 元×50%＝250 元。后经青岛市黄岛区农村经济发展局与中国人民财产保险股份有限公司青岛市分公司共同确定了赔偿标准为每亩 280 元。被告按照每亩 280 元的标准对农户自缴保费的 9272.50 亩秋玉米进行了赔付。其中屯里集自交保费农户已经获得理赔，获赔玉米耕种面积 74.8 亩。对于由清保合作社投保的，被告要求其提供具体的农户、亩数清单，合作社根据三统一协议农户自报亩数进行了统计汇总，制作投保清单，并由农户签字确认后，转交被告，双方于 2015 年 11 月 4 日、2015 年 11 月 20 日、2015 年 12 月 25 日、2016 年 4 月 7 日、2016 年 4 月 11 日之间多次进行电子邮件往来确定最终投保清单，因被告要求村委会对上述清单中列明的农户、亩数盖章公示，村委会拒绝配合，导致理赔迟迟未完成。案件审理过程中，法院至屯里集村就包含原告在内的 93 户农户的玉米投保亩数、2015 年小麦登记亩数、土地承包合同、屯里集村土地承包权证、人员变更情况进行了为期 7 天的公示，公示期满无异议。原告确认的投保亩数为 10 亩。

原告为屯里集户籍人口，该户土地登记权证下的耕地 10 亩。该村 2015 年小麦耕种 1417.3 亩，其中原告登记小麦 9.5 亩。被告提出原告虚构标的，但未提供证据予以驳斥。

法院认为：青岛市黄岛区胶河经济区农业服务中心、青岛清保农机专业合作社作为投保人与被告签订了政策性种植保险合同，被告出具了保险凭证，该合同的成立不违反法律和行政法规的强制性规定，合法有效，双方应当依法依约履行。涉案合同系财产合同，应当由具有保险利益的实际被保险人据以主张损失，即原告应当证明自身的保险人身份及耕种亩数。

保险法规定订立保险合同时，保险人就保险标的或者被保险人的有关情况提出询问的，投保人应当如实告知，询问可以是口头形式、书面形式，本案中，被告签发的投保单应当视为以书面形式向投保人作出的询问，青岛清保农机专业合作社作为投保人符合农业保险条例关于投保人的主体资格规定，其作为投保人有意愿为他人投保，并缴纳保费，原告在合作社出险后提供的投保清单中，因此原告还须证明实际耕种亩数，以确认保险责任。

合作社与村民之间系松散的合作关系，合作社负责人在庭审中也承认其投保时的具体户数、亩数并不知情，投保清单中载明的投保亩数和代表名单是由胶河经济区农业服务中心和村委会定的，之后清保合作社与村民签订三统一协议，并根据三统一协议的提报亩数制定理赔清单。根据《中华人民共和国村民委员会组织法》第 24 条的规定，涉及村民利益和本村集体利益的事项应由村民会议或村民代表大会决定，案件审理过程中，办案人员与屯里集村民委员会沟通，无法召开村民代表大会决定该村秋玉米种植面积的确定方案，也表示不能对合作社提供的清单进行盖章，但愿意接受询问、配合调查并配合公示。根据《农业保险条例》第 10 条规定，“由农业生产经营组织、村民委员会等单位组织农民投保的，保险机构应当在订立农业保险合同时，制定投保清单，详细列明被保险人的投保信息，并由被保险人签字确认。保险机构应当将承保情况予以公示”，被告并未在签订涉案保险合同时履行上述职责。出险后，被告依据青岛清保农机专业合作社提供的投保清单对屯里集受损秋玉米情况进行了现场抽查，农户、村委会负责人、被告工作人员均在抽查表上签字确认，在当时情况下，被告完全有条件再次对每户实际种植面积进行核实，但被告未实际核实，特别是当时在合作社提供的详细名单中的种植大户更未进行实地核实，之后为确保最终理赔清单无误，被告工作人员多次与合作社进行沟通，被告以该名单应经过村委会公示为由拒绝理赔，但未以投保人未尽如实告知义务解除合同，亦未出具拒绝理赔通知书，导致该理赔事项拖延至今，被告存在过错。

作为农业政策性保险，旨在弥补被保险人在种植业中因保险标的遭受自然灾害等保险事故所造成的经济损失，订立保险合同时，投保人提报的亩数为参照当年小麦种植亩数预估秋玉米种植亩数，根据国家政策，小麦享受农业补贴，每户每年种植小麦数根据农户提报发放小麦津贴，根据农作物种植经验，小麦收割完毕后，随之播种秋玉米，因此，农户在土地确权亩数范围内或者在土地流转亩数范围内，参照该户当年小麦播种亩数，同时比照投保秋玉米种植亩数，来确定每户秋玉米赔偿保险金数额合理性如下：1. 屯里集 2015 年小麦耕种登记亩数为 1632.66 亩，秋玉米投保亩数为 1119.8 亩，秋玉米投保亩数未超出小麦总亩数；2. 原告称投保时其实际耕种 10 亩，结合原告土地权属证，原告投保秋玉米数量合理；3. 法院在对清保合作社提供的分户明细入村公示时，其他村民对原告 2015 年秋玉米耕种亩数无异议；4. 被告在核损时采取抽查方式对屯里集村的损失情况进行确认，并对三户农户的亩数及损失比例情况进行了核实，以抽查方式进行勘察定损，符合农业险及保险合同的相关规定，保险人认为农户投保亩数与实际耕种面积不符，但并未向法院提交证据，被告在定损过程中有条件也有必要核实而未核实，应当承担不利法律后果；5. 上述小麦种植亩数、秋玉米种植亩数并未超出本村的耕地亩数，经与村委会沟通，当地农作物种植以小麦、玉米、花生为主。6. 被告以理赔清单需经村委会盖章为由拖延理赔，无法律依据。综上所述，法院认为，原告投保的秋玉米亩数未超出实际耕种亩数，被告应当予以赔偿，因本次秋玉米减产比例、每亩赔偿亩数已经三方确认，并且被告按照每亩 280 元已经对自交保费农户进行了赔偿，因此，对于原告的损失，法院认为按照每亩 280 元进行赔偿合理，被告应当赔偿原告 2800 元。对于被告辩称的已经超过诉讼时效的辩解，法院不予采信，因为通过原告提交的被告工作人员与青岛清保农机合作社负责人管清保的邮件往来情况，双方邮件核对理赔事宜一直到 2016 年 4 月，诉讼时效未超过。

判决结果：被告中国人民财产保险股份有限公司青岛市分公司于本判决生效之日起10日内赔偿原告陈某某保险金2800元。

7.1.2 集体投保争议案例分析

309户农户与被告保险公司的农业保险合同诉讼主要存在以下争议：(1)人保财险公司与农业服务中心订立的秋玉米保险合同违反《农业保险条例》第10条“由农业生产经营组织、村民委员会等单位组织农民投保的，保险机构应当在订立农业保险合同时，制定投保清单，详细列明被保险人的投保信息，并由被保险人签字确认。保险机构应当将承保情况予以公示”的规定，该份农业保险合同是否有效。(2)农机站曾承诺，只要在该站购买物资即由农机站向人保财险公司统一投保且负责缴纳保费。但农机站并未向人保财险公司提供在该合作社购买过物资的农户清单，因此，谁有资格获得保险公司赔偿及投保亩数成为法院判断的焦点。

第一，秋玉米保险合同是否有效。依据《合同法》第52条第(5)项及《合同法解释(二)》第14条，违反法律、行政法规的效力性强制性规定的，人民法院应当认定合同无效；违反管理性强制性规定的，人民法院应当根据具体情形认定其效力。人保财险公司公司承保的秋玉米保险违反了《农业保险条例》第10条规定，对于集体投保的，保险公司应当在订立农业保险合同时，制定投保清单，详细列明被保险人的投保信息，并由被保险人签字确认，保险机构应当将承保情况予以公示。那么，《农业保险条例》第10条是属于效力性强制性规定还是管理性强制性规定就成为判断秋玉米保险合同是否有效的关键。依据《民商事会议纪要》第30条的规定，“效力性强制性规定”指涉及金融安全、市场秩序、国家宏观政策等公序良俗的规定；交易标的禁止买卖的规定，如禁止人体器官、毒品、枪支等买卖；违反特许经营规定的规定，如场外配资合同；交易方式严重违法的规定，如违反招投标等竞争性缔约方式订立的合同；交易场所违法的规定，如在批准的交易场所之外进行期货交易。在农业保险合同订立时要求保险机构制作投保人详细清单并进行公示属于交易方式的规定。若未制作投保人详细清单，则无法确定投保人和被保险人身份，保险合同的关键条款缺失；若投保人清单不予公示，则剥夺了《消费者权益保护法》赋予农户的知情权(是否已经成功投保)、自主选择商品或者服务的权利(是否有人冒用农户名义进行虚假投保)，也不利于《农业保险条例》关于防止虚假投保和重复投保立法目的的实现。因此，未制作投保人详细清单和未进行公示属于严重违反交易方式的情况，《农业保险条例》第 10 条属于效力性强制性规定。该案中，人保财险公司在订立秋玉米保险合同时，既未制作投保人详细清单，也未进行公示，属于违反了行政法规效力性强制性规定，该份农业保险合同应当无效。法院在判决时并未就《农业保险条例》第 10 条是否属于效力性强制性规定进行说理，直接认定了秋玉米保险合同有效，应该是出于保护投保农户保险权益的初衷。但是即使认定保险合同无效，也可通过人保财险公司在缔约合同时存在严重过错，承担 309 户农户的赔偿责任来保障投保农户的保险权益。

第二，如何确定被保险人和投保亩数。在投保人详细清单无法补充且实际耕种面积无法核实时，法院以耕地权属证、农村土地承包合同、土地承包手续等合法凭证确定投保人和被保险人身份，依据当地农作物种植经验以当年小麦种植亩数预估秋玉米投保亩数。虽然这样的确权方案使理赔总亩数大于秋玉米保险合同载明的投保亩数，但因人保财险公司在承保秋玉米时存在严重过错，故应当承担不利后果。

7.2　受灾损失事实认定争议的司法实践

保险标的物受灾原因、数量、范围、灾害损失率、赔偿标准的纠纷是理赔阶段最常见的争议。在发生自然灾害后，保险公司一般委托当地农业专家采用抽样、取点的方式对受灾地区的保险标的物进行受灾原因、数量、范围等方面查勘定损，评估整个受灾区域的综合灾害损失率。但是，受灾严重的农民散户经常不认可综合灾害损失率，与保险公司发生纠纷。在长春市农民王某某与人保财险公司的合同纠纷中，原告指出农业技术推广中心出具的灾害鉴定报告载明当地损失程度为 31%～79%，部分地块有绝收现象。原告投保的玉米大部分绝收，但是保险公司却按照 50%的损失率计算保险赔偿额。法院在审理后认为，保险公司依照合同约定和《农业保险条例》的规定可以采用取点、抽样的方式确定损失率。在原告没有证据证明投保标的物损失率的情况下，法院认可保险公司的查勘定损方式和赔偿标准。① 而有些地区法院认为，若投保人在保险公司理赔结果公示期内未提出异议或提出单独测产的请求，且领取了保险赔偿金，法院不再支持原告提出的按照实际损失赔偿的诉讼请求。② 因此，法院对受灾事实的认定具有较强的地域属性。

7.2.1 冻灾赔偿案例介绍

广西3家香蕉种植公司(田东县盛茂农业开发有限公司、广西田东桂昆农业发展有限公司、广西田东县绿果园农业开发有限公司)诉中国人民财产保险股份有限公司田东支公司、中国太平洋财产保险股份有限公司百色中心支公司、北部湾财产保险股份有限公司田东支公司保险合同10起案件。③

原告盛茂农业公司诉称：2015年4月26日，原告向被告投保了一份政策性《香蕉树种植成本保险》(广西地区)，保险单记载：保险单号816194510232015××××××，投保人田东县盛茂农业开发有限公司，被保险人田东县盛茂农业开发有限公司，保险标的香蕉，种植地点田东县祥周镇布兵村模范屯，承保面积800亩，单位保额1200元，保险金额960000元，保险费82323.26元，保险期间自2015年4月26日0时起至2016年3月3日24时止，保险合同争议解决方式为诉讼。被告提供的《北部湾财产保险股份有限公司政策性水果种植保险(广西地区)》第4条规定，在保险期间内，由于火灾、暴雨、洪水(政府行蓄洪除外)、内涝、泥石流、风灾、雹灾、冻灾直接造成保险水果主干折断、连根拔起或者植株死亡的损失，造成保险柑橘植株死亡或砍掉处理的损失，保险人按照本保险合同的约定负责赔偿。第22条规定，保险水果发生保险责任范围内的损失，保险人按以下方式计算赔偿：赔偿金额=每亩保险金额×损失程度×受损面积×(1-免赔率)。损失程度=单位面积平均植株损失数量/单位面积平均植株数量。第33条规定，本保险合同涉及下列术语时，适用下列释义：冻灾：指因遇到0℃以下或长期持续在0℃以下的温度，引起作物冰冻或是丧失一切生理活力，造成作物

① 参见吉林省长春市九台区人民法院一审民事判决书(2019)吉0113民初1112号。

② 参见黑龙江省大兴安岭地区加格达奇区人民法院一审民事判决书(2019)黑2701民初61号。

③ 参见广西壮族自治区田东县人民法院一审民事判决书(2016)桂1022民初1981号，百色市人民法院二审判决书(2017)桂10民终333号。

死亡或部分死亡的现象。2015年4月26日，原告向被告支付保险费16464.65元。

2016年1月21日至25日，受强冷空气南下影响，田东县出现入冬以来最低天气，气温下降6~8℃，局部10℃以上，最低气温：南北乡0~2℃。因受寒冷天气影响，原告种植的800亩香蕉树大部分丧失生理活力或死亡，损失率95%以上。寒灾发生后，原告及时将灾情通知了被告，但是，被告却以气温没有达到0℃以下或长期持续在0℃以下，不属于保险责任为由拒绝赔偿。

同一时期，田东县附近的隆安县及其他南宁地区的香蕉树也遭受到同样的寒灾损害。三家保险公司(中国人民财产保险股份有限公司广西分公司、中国太平洋财产保险股份有限公司广西分公司、北部湾财产保险股份有限公司广西分公司)同样以气温没有达到0℃以下或长期持续在0℃以下，不属于保险责任为由拒绝赔偿。为此，广西区农业厅、广西保险监督管理局多次召集三家保险公司、自治区水果总站、广西香蕉协会就相关保险条款及赔偿标准进行论证协商。2016年3月29日，广西农村经济经营管理总站以农业厅政策性农业保险办公室名义，召集广西保监局财险处、人保财险广西分公司、太平洋财险广西分公司、北部湾财险广西分公司、自治区水果总站、广西香蕉协会等负责人在区水果总站会议室举行了第一次协商会。会上，保险公司认为，虽然香蕉遭受冻灾损失，但据气象部门提供的气象资料表明，冻害发生时气温都在0℃以上，没有达到保险合同条款载明的“遭受0℃以下冰冻灾害”中的0℃起赔临界点要求，而且香蕉受灾砍伐后，次生香蕉芽还继续生长，整兜香蕉并未死亡，所以保险公司不给予赔偿。香蕉协会代表认为，保险公司工作人员在介绍香蕉保险产品时说香蕉种植过程中，遭受自然灾害死亡或损失时就可以赔偿，而且政府大力支持和补贴，没有说要在0℃以下死亡才予以赔偿。现在香蕉遭受40年一遇的冰冻寒害，大部分已冻死或受寒害严重，失去了商品价值。自治区水果总站李某站长代表水果专家发表了意见：香蕉属于热带作物，生长期间遭受12℃以下的低温天气，就会有寒害发生。如果气温降到4℃以下，就会导致香蕉遭受严重冻灾寒害，大部分香蕉生长点停止或死亡。从广西农业气象资料查询，南宁周边的武鸣、隆安等地，数十年未遭受过0℃以下的极端天气。会议形成三点意见：第一，鉴于保险公司与蕉农原来签订的保险协议中，关于“遭受0℃以下冰冻灾害”作为起赔点的内容，与香蕉生长特性和实际不符，不再采纳；第二，香蕉遭受寒害导致死亡和损失的事实已经发生，保险公司必须根据香蕉受灾死亡和受损情况，依照保险协议中有关规定进行赔偿；第三，香蕉寒害定损理赔标准及赔偿额度，由农业厅推荐双方信任的香蕉专家，与保险公司一起查勘定损后制定，在下一次协商会上提出。3 月 31 日，广西保监局召集三家保险公司召开协调会，三家保险公司一致同意将此次寒害纳入保险责任，以损失补偿为原则，根据农户实际受灾情况给以合理赔偿。2016 年 4 月 1 日，举行第二次协商会。保险公司及香蕉专家提出：第一代组培苗种植的香蕉，定损标准为 580 元/亩。次生苗培植的香蕉，定损标准为 420 元/亩。香蕉协会认为定损标准太低。双方未能达成一致。2016 年 4 月 12 日，召开第三次协商会。保险公司与香蕉协会就赔偿标准达成一致，即原则上以保险公司与农业部门专家联合制定的香蕉种植保险寒害定损标准作为此次香蕉寒害的定损标准，但不再区分一代苗和次生苗，统一每亩赔偿 500 元。同时取消绝对免赔率。损失率核定原则上对于已签字确认损失程度的投保户按已确认损失率进行赔偿，对于尚未确认损失率的，各保险公司原则上参照人保财险广西分公司在该区域核定的平均损失率进行查勘核损，确保同一区域内核定的损失率不出现较大差异。以上三次协商会，最终达成的共识，归纳起来就是：第一，保险公司不再以“遭受0℃以下冰冻灾害”作为起赔点，将此次寒害纳入保险责任，保险公司给以赔偿；第二，赔偿标准为每亩人民币 500 元。第三次协商会后，广西香蕉协会武鸣区、西乡塘区、隆安县等地的会员(香蕉种植户)陆续收到各保险公司的理赔款每亩人民币 500 元。原告认为，作为被告上级公司以及本案保险条款制定者的北部湾财产保险股份有限公司广西分公司已经确定将此次寒害纳入保险责任并给以每亩 500 元的赔偿，被告应当按此进行赔偿。因被告拒绝赔付，原告特诉至人民法院。

原告盛茂农业公司诉讼请求：1. 被告支付保险赔偿金人民币 400000 元；2. 本案诉讼费由被告负担。

一审法院认定事实：2015 年 4 月 26 日，原告为其所有的位于田东县祥周镇布兵村模范屯 800 亩香蕉树向被告投保一份政策性《香蕉树种植成本保险》(广西地区，保险单 816194510232015××××××)，保险单载明：保险数量为 800 亩，单位保险金额为 1200 元，总保险金额 960000 元，保险费 82323.26 元，保险期间自 2015 年 4 月 26 日 0 时起至 2016 年 3 月 3 日 24 时止。因为该保险为政策性保险，保险费的构成为：省财政补贴 60%、县财政补贴 20%、农户交付 20%。2015 年 4 月 26 日，原告向被告支付了保险费 16464.65 元。

2016 年 1 月 22 日至 28 日，受强冷空气共同影响，田东县出现一次低温雨雪天气过程，24 日气温降至最低，其中右江河谷最低气温 3℃～5℃，祥周镇最低气温 3.4℃。原告位于田东县祥周镇布兵村模范屯 800 亩香蕉树受到强冷空气影响，不同程度地出现灾情。原告随即向被告报案。2016 年 2 月 2 日、2 月 16 日、3 月 9 日，被告派员前往出险地点进行实地查勘，经现场查勘发现原告投保的香蕉树出现树叶枯黄、树叶边缘黑死等现象，由于未进行砍伐查勘树芯，不能确定植株是否已经死亡。原告认为，该次寒灾属于保险事故遂向被告申请理赔，但被告以温度未达到 0℃，且原告香蕉树未出现死亡不符合理赔条件为由口头表示拒绝赔偿。因与被告协商赔偿事宜未果，原告遂诉至该院并提起前述诉请。

另查明，2016 年 1 月 24 日起因受强冷空气影响，全区出现大范围持续性低温霜冻天气，造成南宁市辖区内隆安县、武鸣县香蕉树种植保险大量出险。截至 3 月 31 日，人保财险广西分公司、太平洋财险广西分公司、北部湾财险广西公司等三家保险公司承保的南宁辖区香蕉树 26.6 万亩，共接到香蕉寒害理赔报案 547 件，报损面积 25.32 万亩，报损面积占承保面积的 95%。由于在香蕉灾害认定和理赔标准方面，保险公司和被保险人之间存在严重分歧，保险公司未进行理赔。

3 月 29 日，广西农村经济经营管理总站以区农业厅政策性农业保险办公室的名义召集广西保监局、人保财险广西分公司、太平洋财险广西分公司、北部湾财险广西公司以及自治区水果总站、广西香蕉产业协会等单位进行第一次协商。经协商，最终形成三点意见：第一，鉴于保险公司与蕉农原来签订的保险协议中，关于“遭受 0℃以下冰冻灾害”作为起赔点的内容，与香蕉生长特性和实际不符，不再采纳；第二，香蕉遭受寒害导致严重死亡和损失的事实已经发生，保险公司必须根据香蕉受灾死亡和受损情况，依照保险协议中有关规定进行赔偿。把原来“补偿”的提法，纠正为“赔偿”；第三，香蕉寒害定损理赔标准及赔偿额度，由农业厅推荐双方信任的香蕉专家，与保险公司一起查勘定损后制定，在下一次协商会上提出。会后，承办香蕉保险的三家保险公司和农业部门水果专家一起，根据香蕉保险金额、保险期限、香蕉生长特点、物化成本等因素，共同研究测算制定定损标准。

4月1日，在第二次协调会上，三家保险公司认为，第一代组培苗种植的香蕉，定损标准为580元/亩。次生苗培植的香蕉，定损标准为420元/亩。但广西香蕉协会代表认为定损标准太低，不认可该标准，要求保险公司一次性赔偿蕉农800元/亩，并愿意在取得赔偿后即终止合同，以后再受灾不再索赔。保险公司则认为香蕉协会提出800元/亩的定损标准缺乏依据，而且双方签订合同的有效期为一年，赔偿800元/亩就终止合同的做法，不符合保险业内政策规定。双方经过两个多小时的协商，分歧仍然较大，未能达成一致解决方案。

4月7日，广西保监局以桂保监发[2016]26号《广西保监局关于政策性香蕉树种植保险寒害理赔情况的报告》向自治区人民政府报告，报告指出："为充分发挥政策性农业保险惠农支农的作用，在广西保监局的督导下，承保公司一致同意将此次寒害纳入保险责任，以损失补偿为原则，根据农户实际受灾情况给予合理赔偿。"

4月12日，自治区农业厅、广西保监局在农业厅经管总站会议室联合组织召开香蕉种植保险寒害理赔第三次协商会议，自治区农业厅经管总站、广西保监局财险处负责人，人保财险广西分公司、太平洋产险广西分公司、北部湾保险广西分公司理赔工作相关负责人以及广西香蕉产业协会代表参加了会议。会上，各方就2016年1月南宁辖区香蕉寒害的理赔事宜再次进行了深入协商，并最终形成桂保监阅[2016]1号《香蕉种植保险寒害理赔第三次协商会议纪要》，会议决定：在定损标准方面，原则上以保险公司与农业专家联合制定的香蕉种植保险寒害定损标准作为此次香蕉寒害的定损标准，但不再区分一造苗和二造苗，同时取消绝对免赔率。在损失率核定方面，对于已签字确认损失程度的按已确认损失率进行赔付，对于尚未确认损失率的，各保险公司原则上参照人保财险广西分公司在该区域核定的平均损失率进行查勘核损，确保同一区域内核定的损失率不出现较大差异。

再查明：1.《香蕉寒害理赔定损标准》确定：一造苗每亩的定损标准为580元，二造苗每亩的定损标准为420元，由于每一造香蕉苗所投入的物化成本占比均为50%左右，因此定损标准为1000元×50%＝500元，最终每亩赔款金额＝相应的定损标准×损失率。损失率根据实际现场查勘情况确定。2. 寒灾发生后，三家保险公司对武鸣区、西乡塘区、隆安县受灾的蕉农中未定损的按 500 元/亩标准进行赔偿。

一审法院认为，争议焦点为：1. 桂保监发[2016]26 号《广西保监局关于政策性香蕉树种植保险寒害理赔情况的报告》、桂保监阅[2016]1 号《香蕉种植保险寒害理赔第三次协商会议纪要》是否适用于本案？2. 本案是否属于保险责任？若是，被告应如何进行赔偿？

关于争议焦点一，两个文件反映了三家保险公司与广西香蕉产业协会就此次寒灾是否属于保险责任以及赔偿标准达成协议。鉴于协议是由三家保险公司的广西分公司与广西香蕉产业协会作出，且田东县当时的气温与南宁地区没有太大差异，所以，基于公平和诚实信用原则，认定协议适用于本案。

关于争议焦点二，被告以气温没有达到保险条款规定的 0℃以下且原告所种植的香蕉树没有死亡为由，不属于保险责任。一审法院认为，第一，在三家保险公司的广西分公司与广西香蕉产业协会达成的协议中已经取消了将赔偿点定在 0℃以及 0℃以下的条件，所以，被告的辩解理由不成立。第二，《农业保险条例》第 12 条规定："保险机构接到发生保险事故的通知后，应当及时进行现场查勘，会同被保险人核定保险标的的受损情况。由农业生产经营组织、村民委员会等单位组织农民投保的，保险机构应当将查勘定损结果予以公示。保险机构按照农业保险合同约定，可以采取抽样方式或者其他方式核定保险标的的损失程度。采用抽样方式核定损失程度的，应当符合有关部门规定的抽样技术规范。"本案中，被告在原告报案后进行了查勘，但被告没有像在隆安县或武鸣区等地采取砍伐查勘树芯的方法，导致无法确认香蕉树是否出现黑心现象。同时，根据上述保险公司与广西香蕉产业协会达成的协议，三家保险公司一致同意将此寒害纳入保险事故，以赔偿损失为原则。所以，被告关于香蕉树未死亡并以此拒绝赔偿的抗辩理由不成立。另外，根据广西香蕉产业协会出具的证明可以认定，在南宁市武鸣区、西乡塘区和隆安县受灾蕉农的理赔中，未定损的实际按 500 元/亩的标准进行赔偿，因此，本案中被告应向原告赔偿的经济损失为 400000 元(500 元/亩×800 亩)，原告的主张有事实和法律依据，予以支持。

一审法院判决结果：被告北部湾财产保险股份有限公司田东支公司向原告田

东县盛茂农业开发有限公司支付保险赔偿金400000元。案件受理费7300元，由被告北部湾财产保险股份有限公司田东支公司负担。

北部湾财险公司不服一审判决上诉称：本案不存在“冻灾”导致香蕉树死亡的保险事故，一审判决上诉人向被上诉人支付保险赔偿金400000元，属于认定和适用法律错误。1. 一审判决认为三家保险公司的广西分公司与广西香蕉协会“达成的协议”变更了本案上诉人与被上诉人的保险合同内容，认为遇寒冷温度即推定产生“冻灾”保险事故不当，上诉人与广西香蕉协会没有达成任何关于本案或对整个广西整体香蕉种植均进行理赔的协议。本案必须以发生因冻灾温度导致香蕉树植株死亡的保险事故，方符合理赔的条件。但本案客观上并未发生香蕉树死亡的事实，故不符合理赔条件。一审判决在没有查明是否发生保险事故的情形下，直接要求上诉人向被上诉人支付赔偿金没有事实和法律依据。2. 上诉人提供的来自各个种植区域的气象数据显示，本案客观上并未出现冻灾的气候。田东县气象局于2016年10月20日出具的《证明》显示，2016年1月15日至31日，种植地的最低气温是24日的3.1℃，但25日之后就达到6~12℃以上的正常气温，并没有出现0℃以下或持续性0℃以下低温的事实，也没有出现持续4℃以下冰冻低温气候，所以，客观上不会出现冻灾植株死亡的事实。

北部湾财险公司上诉请求：请二审法院撤销一审判决，依法改判驳回上诉人的全部诉讼请求。

被上诉人盛茂农业公司辩称：一审判决正确，请二审维持原判决。

二审法院认为：关于焦点一。上诉人拒赔的理由是根据该公司制定的《香蕉树种植保险条款》的格式化内容，其中最主要依据为第32条第1款第(8)项：“冻灾：指因遇到0℃以下或长期持续在0℃以下的温度，引起作物冰冻或是丧失一切生理活力，造成作物死亡或部分死亡的现象。”法院认为：根据2017年3月6日百色市气象科技服务中心提交的田东县2000年至2016年年最低温度气温表的气温数据表明，田东县自2000年至2016年16来的最低温度为2003年的1.2℃，2016年最低温度为3.1℃，按田东全县的多年平均最低温度均没有0℃或低于0℃的现象。香蕉属于热带作物，生长期间遭遇12℃以下的低温天气，就会发生寒害。如果气温降到4℃以下，就会导致香蕉遭受严重冻灾寒害，大部分香蕉生长点停止或死亡(注：摘自广西壮族自治区农村经济经营管理总站《关于协调香蕉保险寒害理赔情况的报告》)。《中华人民共和国保险法》第 2 条规定："本法所称保险，是指投保人根据合同约定，向保险人支付保险费，保险人对于合同约定的可能发生的事故因其发生所造成的财产损失承担赔偿保险金责任，或者当被保险人死亡、伤残、疾病或者达到合同约定的年龄、期限等条件时承担给付保险金责任的商业保险行为。"因此，保险合同的约定必须具有可能发生的事故因其发生所造成的财产损失承担赔偿保险责任的内容。然而，从百色市气象科技服务中心提交的田东县 2000 年至 2016 年最低温度气温表的气温数据表明，田东县多年从未出现过 0℃以下的极端天气，如按本案上诉人提供的格式合同中关于因遇到 0℃以下或长期持续在 0℃以下的温度，引起作物冰冻或是丧失一切生理活力，造成作物死亡或部分死亡的现象才理赔的内容，就会出现保险公司只收保费不需承担支付保险赔款的后果，该条款没有保险合同应有的射幸功能，内容违反《中华人民共和国保险法》第 2 条规定，不具有法律约束力。

关于焦点二。本案的保险合同为广西地区政策性水果种植保险合同，保险费的构成为：省财政补贴 60%、县财政补贴 20%、农户交付 20%。单位保险金额为每亩 1000 元。在同一时期南宁辖区隆安、武鸣县、西乡塘区的香蕉受损后，广西壮族自治区农业厅、广西壮族自治区农村经济经营管理总站依职责召集农户和人保财险广西分公司、太平洋财险广西分公司、北部湾财险广西分公司三家公司对南宁辖区香蕉受损理赔协调并达成一致解决方案，最终由广西保监局作出桂保监发[2016]26 号《广西保监局关于政策性香蕉树种植保险寒害理赔情况的报告》(2016 年 4 月 7 日)和广西保监局、广西农业厅联合作出桂保监阅[2016]1 号《香蕉种植保险寒害理赔第三次协商会议纪要》是政策性保险必要法律行为，最终广西香蕉产业协会与人保财险广西分公司、太平洋财险广西分公司、北部湾财险广西分公司达成南宁辖区受灾蕉园理赔事宜达成 500 元/亩的赔偿标准。法院认为，该赔偿损失标准在广西辖区同样气温带种植香蕉受寒灾理赔标准的确定具有关键性的指导意义。法院以此为参考基数，结合合同当事人的诉求，充分考虑到我区香蕉种植政策性保险的内涵和保险公司风险收益、农户损益的关系，以及保险人提供格式合同中免除保险人责任的条款在合同订立时未采用足以引起对方注意的文字、符号、字体等特别标识等因素，酌情确定本案财产损失保险合同的赔偿标准为 400 元/亩。因此，上诉人应向被上诉人赔偿财产损失保险金额为每亩保险金额×保险面积，即 400 元/亩×800 亩＝320000 元。

判决结果：变更田东县人民法院(2016)桂 1022 民初 1981 号民事判决“被告北部湾财产保险股份有限公司田东支公司向原告田东县盛茂农业开发有限公司支付保险赔偿金 400000 元”为“上诉人北部湾财产保险股份有限公司田东支公司向被上诉人田东县盛茂农业开发有限公司支付保险赔偿金 320000 元”。二审案件受理费 7796 元，由上诉人北部湾财产保险股份有限公司田东支公司负担。

7.2.2 冻灾赔偿案例分析

该案一审和二审的争议焦点分别为：1. 由三家保险公司与南宁市达成的香蕉冻灾赔偿协议并成书的桂保监发[2016]26 号《广西保监局关于政策性香蕉树种植保险寒害理赔情况的报告》、桂保监阅[2016]1 号《香蕉种植保险寒害理赔第三次协商会议纪要》是否适用于百色市辖区的各县；2. 关于冻灾的定义和冻灾的赔偿范围是否属于免责条款及是否有效；3. 百色市田东县气温数十年未达到 0℃以下或长期持续在 0℃以下，冻灾温度的限定是否违反了保险合同射幸功能而无效；4. 在保险公司未进行查勘定损的情况下，根据什么标准确定理赔方案。

第一，被告北部湾广西分公司与南宁市达成的香蕉理赔协议是否适用于百色市下辖田东县。2016 年 1 月下旬，当广西南宁市与百色市均发生寒冷天气，致使大部分香蕉丧失生理活力或死亡，即香蕉冻灾，但在当地承保香蕉种植成本险的三家保险公司拒绝赔偿。后经过相关政府部门与香蕉协会的斡旋，三家保险公司的广西分公司就南宁市的香蕉冻灾达成了一致赔偿协议。其中，桂保监发[2016]26 号《广西保监局关于政策性香蕉树种植保险寒害理赔情况的报告》属于报告，非理赔协议。桂保监阅[2016]1 号《香蕉种植保险寒害理赔第三次协商会议纪要》记录的是三家保险公司广西分公司就南宁市香蕉冻灾达成的一致理赔协议，理赔协议的效力只及于南宁市下辖各县。因此，保险公司仅就南宁市香蕉冻灾达成的理赔协议不当然适用于百色市下辖各县。一审法院认为田东县当时的气温与南宁地区没有太大差异，以公平和诚实信用原则为由认定该理赔协议适用于百色市违反了《合同法》的合同自由原则。

第二，冻灾条款的属性及效力。香蕉种植成本保险合同第 32 条第 1 款第(8)项：“冻灾：指因遇到 0℃以下或长期持续在 0℃以下的温度，引起作物冰冻或是丧失一切生理活力，造成作物死亡或部分死亡的现象。”该条款对冻灾的温度范围作了限定，免除了保险公司对0℃以上造成作物死亡或部分死亡的赔偿责任，属于免责条款。《保险法》第17条规定：“对保险合同中免除保险人责任的条款，保险人在订立合同时应当在投保单、保险单或者其他保险凭证上作出足以引起投保人注意的提示，并对该条款的内容以书面或者口头形式向投保人作出明确说明；未作提示或者明确说明的，该条款不产生效力。”该案中，保险公司未在香蕉种植成本保险合同中以足以引起投保人注意的字符进行提示，根据法院认定的事实，保险公司也未就该冻灾条款履行明确说明义务，因此该免责条款无效，保险公司应该就0℃以上低温造成的香蕉死亡或部分死亡履行保险赔偿责任。

第三，冻灾温度的限定是否背离了保险合同的射幸功能。《保险法》第2条规定：“本法所称保险，是指投保人根据合同约定，向保险人支付保险费，保险人对于合同约定的可能发生的事故因其发生所造成的财产损失承担赔偿保险金责任。”即保险合同具有射幸功能，合同约定的保险事故可能发生也可能不发生。基于特殊的地理位置，广西百色市田东县气温数十年未达到0℃以下或长期持续在0℃以下，该地区显然不会发生保险合同规定的冻灾情况，对冻灾的保险只是纸上的承保，并非实际的承保，背离了保险合同的射幸功能。因此，背离保险合同射幸功能的条款应当认定无效。

第四，在保险公司未进行查勘定损的情况下根据什么标准确定理赔方案。在田东县发生冻灾后，投保农户及时报案，但保险公司未派工作人员进行查勘定损，违反了《农业保险条例》第12条的规定：“保险机构接到发生保险事故的通知后，应当及时进行现场查勘，会同被保险人核定保险标的的受损情况。”一审法院认为，南宁市与百色市冻灾情况差异不大，可以参照三家保险公司达成的理赔协议，未定损的按500元/亩标准进行赔偿。在无法查勘定损的情况下，参照相似温度相似灾情的理赔协议标准进行判决符合该案的实际情况。但是二审法院在无任何证据支撑的情况下，仅以“香蕉种植政策性保险的内涵和保险公司风险收益、农户损益的关系”为由，将赔偿标准降低到400元/亩，于法、于理、于事实均无根据。(1)政策性农业保险的内涵就是分散农业生产风险和经营风险，保障农民收益。在发生严重冻灾的情况下，农业保险更应该起到保障农民收益的作用，按照合同约定或者事实认定进行足额保险赔偿，而非降低赔偿标准。(2)保险公司足额收取保费后，在风调雨顺的年份不赔或少赔，在灾害频发的年份则按照查勘定损结果足额赔款，这是保险的风险收益原则。况且，国家对政策性农业保险的定位并非保障保险公司的利润，而是在收支平衡的情况下提高农业生产抗风险能力，促进乡村产业振兴。二审法院则以保险公司收益为出发点降低赔偿标准，与法律和政策的目的相悖。(3)从农户损益的角度分析，冻灾并非农户虚构灾情，香蕉在低温情况下停止了生长及坏死，给农户带来了严重的经济损失。二审法院应充分保障农户因冻灾遭受的损失，尤其保险公司存在未查勘定损的违规情况及存在未对免责条款履行提示和说明义务的严重过错情况下，更应该遵从公平原则，维护受灾农户的保险权益。

7.3 单位换算事实认定争议的司法实践

7.3.1 单位换算争议案例介绍

中航安盟财产保险有限公司农安营销服务部与张某某合同纠纷。①

原告张某某诉称：张某某于2015年5月20日与中航安盟财产保险有限公司签订了农业保险合同，保险费用每垧地按40元缴纳。由于厄尔尼诺现象影响严重减产，经保险人考察后做出了每垧地赔偿1950元的决定。在领取赔偿金的时候，才知道每垧地少领650元，张某某保险面积3垧地，共少领了1950元。事后张某某要求中航安盟财保农安营销服务部履行协议，保险人却以每垧地为15亩为由拒绝赔偿。

原告张某某诉讼请求：要求中航安盟财保农安营销服务部赔偿张某某经济损失1950元。

一审法院认定事实：中航安盟财保农安营销服务部系中航安盟财产保险有限公司派出的具体办事机构，中航安盟财保农安营销服务部用中航安盟财产保险有限公司的保险凭证于2015年6月25日与张某某签订了农业保险合同。张某某参保农作物玉米30亩，每亩按规定缴纳保险费4元，共缴纳保险费120元。由于

① 参见吉林省农安县人民法院一审民事判决书(2016)吉0122民初775号、777号、779号，吉林省长春市人民法院二审民事判决书(2017)吉01民终468号、469号、500号。

受厄尔尼诺现象的影响，造成玉米减产，经保险人考察后做出玉米旱灾损失 65%，对应理赔标准每公顷(一垧)地赔偿 1950 元。中航安盟财保农安营销服务部按每公顷(一垧)地 15 亩计算，每亩地赔偿金额为 130 元，赔偿张某某 3900 元。张某某领取赔偿金后发现每垧地少领取 650 元，即 3 公顷(垧)地共计 1950 元。事后张某某要求中航安盟财保农安营销服务部按合同履行义务，中航安盟财保农安营销服务部以每垧地为 15 亩赔偿标准已赔偿完毕为由拒绝赔偿。

一审法院认为：张某某与中航安盟财保农安营销服务部之间自愿签订的保险合同合法有效，双方应按合同约定履行义务。本地区农民承包田均以每公顷(垧)10 亩发包给农民，双方签订保险合同时中航安盟财保农安营销服务部未向参保户明示每公顷(一垧)地按 15 亩计算，中航安盟财保农安营销服务部应承担全部履行赔偿义务的责任。故，张某某要求中航安盟财保农安营销服务部全部履行赔偿义务即补偿理赔款 1950 元应予支持。

一审法院判决结果：1. 中航安盟财保农安营销服务部赔偿张某某理赔款 1950 元。2. 案件受理费 50 元和邮寄费 72 元由中航安盟财保农安营销服务部负担。

中航安盟财保农安营销服务部不服一审判决上诉称：1. 原审判决认定事实错误。保险合同中不存在不明确的概念，不应当适用格式条款的解释规定。根据保险法适用格式条款的解释，其前提是保险合同约定不明确的情况下，按照常理解释存在分歧时，应当按照有利于投保人的解释，本案中不存在不明确的状态，围绕本案的争议焦点张某某偷换概念采用“垧”为单位，无约定和法定事实。从保险合同的约定来看，“垧”不是合同约定的度量衡单位，保险合同第 6 条明确约定，“单位面积保险金额按照不同农作物生产投入的直接物化成本确定。玉米为 200 元/亩(3000 元/公顷)……”保险金也是按照每 15 亩为 1 公顷为单位进行收取和交纳，保险事故发生后也应当按照该标准理赔，并不存在歧义。原审中张某某没有提供证明一垧等于 10 亩的证据，反而是按照合同约定，1 公顷等于 15 亩是我国的度量衡定理，依法属于免证且不可推翻的事实，因此，应当按照每公顷是 15 亩作为保险事故理赔的标准，中航安盟财保农安营销服务部已经按照约定全面履行了合同。2. 原审判决适用法律错误。原审法院适用了《保险法》第 30 条规定。本案中合同条款非常明确，即按照单位面积亩、公顷为单位投保、按照面积为亩或公顷为单位赔偿保证金，按照通常理解，只有一种解释，不存在其他的任何解释。因此，一审法院以《保险法》第 30 条规定，认定“应当按照有利于被保险人或者受益人的解释”支持张某某的诉讼请求是错误的。

中航安盟财保农安营销服务部上诉请求：1. 撤销原判，依法改判支持中航安盟财保农安营销服务部的上诉请求。2. 一、二审诉讼费用由张某某承担。

被上诉人张某某辩称：原审判决结果正确。

二审法院另查明：张某某表示所承包村上的土地面积为 1.56 公顷，其主张承包他人土地 1.12 公顷，实有土地 2.68 公顷，1 垧地 = 10 亩，1 亩 = 1000 平方米 = 0.1 公顷，实际向中航安盟保险公司农安营销服务部投保土地 30 亩。国际惯例为 1 亩 = 666.67 平方米 = 0.06667 公顷。受灾后，中航安盟保险公司农安营销服务部按照 1950 元/公顷的理赔标准向张某某给付理赔款，即 30 亩 = 2 公顷 × 1950 元，已赔付张某某 3900 元。

二审法院认为：关于中航安盟保险公司农安营销服务部应向张某某给付的保险理赔款的具体数额。张某某主张投保时是按照 30 亩地等于 3 公顷进行的投保，中航安盟保险公司农安营销服务部共应支付理赔款 5850 元（3 公顷 × 1950 元/公顷），剩余 1950 元未支付。而中航安盟保险公司农安营销服务部则主张保险条款及国际惯例中 30 亩地等于 2 公顷，其应支付 3900 元（2 公顷 × 1950 元/公顷）保险理赔款，并已全部支付完毕。故双方争议的焦点为亩与公顷的换算标准，中航安盟保险公司农安营销服务部是否在投保时即对换算标准进行了告知。根据我国的实际情况，确实存在北方对于亩和公顷换算标准与国际惯例的差异，在我省农安地区农民通常将 1 亩计算为 0.1 公顷，与国际惯例并不同。且根据张某某的村土地承包合同上所标注的土地面积与公顷的折算数，及张某某投保时所填亩数，亦能够证实张某某是按照 1 亩等于 0.1 公顷的标准投保。中航安盟保险公司农安营销服务部作为提供保险条款的保险人，应在充分调查投保人当地实际情况，即土地面积单位习惯用法的基础上，对于保险条款的内容进行告知，也有利于投保人按照保险公司的换算标准对其实有土地面积进行投保。本案中，中航安盟保险公司农安营销服务部并未提供证据证实已将保险条款或者换算标准向投保人进行了告知，造成其理赔的土地面积与投保人投保的土地面积不符，偏离了该政策性保险服务“三农”的宗旨，应承担对其不利解释的后果。故中航安盟保险公司农安营销服务部应按照 1 亩等于 0.1 公顷进行理赔。现张某某虽投保了 3 公顷土地，但庭审中其认可仅有土地 2.68 公顷，按照 1 亩等于 0.1 公顷的标准，中航安盟保险公司农安营销服务部共应给付理赔款 5226 元(2.68 公顷×1950 元/公顷)，扣除已支付的 3900 元，中航安盟保险公司农安营销服务部还应向张某某给付保险理赔款 1326 元。

法院判决结果：因出现新证据，导致原审判决认定事实不清，应予纠正。上诉人中航安盟保险公司农安营销服务部的上诉理由不成立。

1. 变更吉林省农安县人民法院(2016)吉 0122 初字 777 号民事判决"被告中航安盟保险公司农安营销服务部于判决生效后十日内赔偿原告张某某理赔款 1950 元"为"上诉人中航安盟财产保险有限公司农安营销服务部于本判决生效后十日内赔偿被上诉人张某某理赔款 1326 元"；

2. 驳回被上诉人张某某的其他诉讼请求。

7.3.2　单位换算争议案例分析

本案的争议焦点为亩与公顷(垧)的换算单位。保险公司按照国际惯例，以 15 亩=1 公顷(垧)进行理赔，但当地交易习惯是 10 亩=1 公顷(垧)，从哪个角度对农业保险合同格式条款进行解释成为影响诉讼结果的关键因素。保险公司认为，国际惯例 15 亩=1 公顷(垧)虽然是格式条款，但规定较为明确，不应当适用《保险法》第三十条"采用保险人提供的格式条款订立的保险合同，保险人与投保人、被保险人或者受益人对合同条款有争议的，应当按照通常理解予以解释。对合同条款有两种以上解释的，人民法院或者仲裁机构应当作出有利于被保险人和受益人的解释"的规定。但是一审法院和二审法院认为，10 亩=1 公顷(垧)已经是当地多年的交易习惯，与其他地区通常理解不同。在存在两种以上解释时，应当按照有利于被保险人农户的解释。

该案的争议本质上是如何解释合同条款。在理论上，存在主观说和客观说。主观说认为，合同的解释不应仅以文义为准，应当以合同当事人的真正意图为主要解释原则。而客观说则认为，当合同当事人的真实意图和文字表示出来的意思不一致时，应当以文义为准，以保障和维护交易秩序。在两种理论的争锋中，理论界和实务界倾向于主观说，最大限度地实现公平合理。主观说认为，当事人的真正意图可以通过交易习惯体现。[①] 在特定的行业或地区，通过风俗习惯或交易习惯确定合同条款的正确含义，既能实现公平争议，也能维护交易秩序。在该案中，当地交易习惯的公顷与亩换算标准与国际惯例不同，只有按照当地交易习惯解释合同条款才能真正符合投保人农户的真实意图。该案的判决结果也指引保险公司未来的农业保险合同缔约行为，当通常惯例与特定地区的交易习惯不同时，要么参照免责条款的要求履行提示和明确告知义务，要么按照当地交易习惯修改格式条款，以减少合同纠纷，维护合同双方当事人的权益。

① 参见陈文华：《民间规则与合同解释》，载《甘肃政法学院学报》2013 年第 2 期，第 23~24 页。

第 8 章　农业保险诈骗诉讼焦点之六：区块链电子证据能力

8.1　监管之痛：农业保险欺诈

中央财政自 2007 年开始实施农业保险保费的补贴政策以来，全国农业保险得到快速发展。目前，我国农业保险的保费规模已经仅次于美国，居于全球第二，稳居亚洲第一。① 2019 年，全国农业保险保费收入已经达到 671.68 亿元，保费补贴比例为 75.09%，国家财政对农业保险的财政补贴达到了 504 亿元；农业保险保障水平为 23.61%，简单赔付率为 83.23%，仅 2019 年就约有 559 亿元农业保险赔款。② 但随着保费收入和保险赔款的不断增长，农业保险欺诈成为制约农业保险高质量发展的主要障碍之一。

自 2010 年“白城骗保案”③曝光以后，农业保险反欺诈成为农业保险监管的重中之重。在保险公司工作人员主导的农业保险诈骗案件中，为了完成业务指标，工作人员鼓励农民虚报投保面积/数量，并承诺按照自交保费的两倍进行协

① 参见庹国柱、朱俊生：《完善我国农业保险制度需要解决的几个重要问题》，载《保险研究》2014 年第 2 期，第 44 页。

② 参见丁春燕：《区块链电子数据的证据能力分析——以农业保险欺诈刑事诉讼切入》，载《法学杂志》2021 年第 5 期。

③ 参见东亚经贸新闻：《通榆骗保案牵出白城“窝案”保险公司员工竟也参与其中》，载网易新闻网：http：//news.163.com/10/0428/01/65ANUF4E00014AED.html，2010 年 4 月 28 日。

议赔付已经成为行业潜规则。① 在农机站工作人员、村委会干部、协保员主导的农业保险诈骗案件中，这类人员利用职务便利，在投保时冒用他人名义虚报投保面积/数量，在理赔时虚构灾损程度或受灾面积/数量成为欺诈的主要手段。② 在农民主导的农业保险诈骗案件中，投保农户利用投保和理赔程序的漏洞，自己虚报/虚列或冒用他人名义虚报投保标的物面积/数量，虚构受灾事实或利用他人受灾现场进行理赔成为常态。③

为了解决投保真实到户、承保标的物快速核查、查勘定损又快又准、理赔到

① 参见李某明、黄某虹诈骗一审刑事判决书和二审刑事裁定书，四川省绵竹市人民法院刑事判决书(2019)川0683刑初102号和四川省德阳市中级人民法院刑事裁定书(2020)川06刑终55号；滕某甲诈骗罪一审刑事判决书，新疆维吾尔自治区焉耆回族自治县人民法院刑事判决书(2016)新2826刑初21号；刘某龙诈骗一审刑事判决书和二审刑事裁定书，湖南省湘潭县人民法院刑事判决书(2018)湘0321刑初16号和湖南省湘潭市中级人民法院刑事裁定书(2018)湘03刑终358号；湖南省湘潭县人民法院刑事判决书(2018)湘0321刑初37号、408号、224号；湖南省湘潭县人民法院刑事判决书(2017)湘0321刑初501号、502号。

② 参见段某某、李某某贪污、诈骗一审刑事判决书，安徽省砀山县人民法院刑事决书(2018)皖1321刑初397号和安徽省砀山县人民法院刑事判决书(2019)皖1321刑初86号；段某太、姚某华受贿、贪污、诈骗一审刑事判决书，安徽省蚌埠市蚌山区人民法院刑事判决书(2016)皖0303刑初335号；郭某荣诈骗一审刑事判决书，新疆维吾尔自治区霍城县人民法院刑事判决书(2015)霍刑初字第8号；胡某桂贪污、诈骗一审刑事判决书，山东省东营市河口区人民法院刑事判决书(2018)鲁0503刑初186号；胡某帅贪污、职务侵占、诈骗一审刑事判决书和二审刑事裁定书，河南省太康县人民法院刑事判决书(2019)豫1627刑初224号和河南省周口市中级人民法院刑事裁定书(2019)豫16刑终485号；姜某申、苗某祥诈骗罪一审刑事判决书，内蒙古自治区敖汉旗人民法院刑事判决书(2015)敖刑初字第328号；李某鹏骗取贷款、诈骗刑事一审判决书，黑龙江省北安农垦法院刑事判决书(2018)黑8106刑初8号；刘某波犯诈骗罪一案刑事判决书，吉林省扶余市人民法院刑事判决书(2015)扶刑初字第285号；王某营职务侵占、贪污、诈骗一审刑事判决书，河南省遂平县人民法院刑事判决书(2019)豫1728刑初211号；张某伟贪污、诈骗一审刑事判决书，河南省上蔡县人民法院刑事判决书(2016)豫1722刑初656号；张某发犯诈骗罪一审刑事判决书，黑龙江省林口县人民法院刑事判决书(2017)黑1025刑初55号；张某、蔡某立诈骗、贪污一审刑事判决书，河南省平舆县人民法院刑事判决书(2019)豫1723刑初182号。

③ 参见陈某某诈骗一审刑事判决书，河南省遂平县人民法院刑事判决书(2017)豫1728刑初14号；罗某武诈骗一审刑事判决书，安徽省宿松县人民法院刑事判决书(2020)皖0826刑初96号；陶某红诈骗一审刑事判决书，河南省新蔡县人民法院刑事判决书(2017)豫1729刑初927号；王某金诈骗一审刑事判决书，安徽省砀山县人民法院刑事判决书(2020)皖1321刑初153号；新疆维吾尔自治区呼图壁县人民法院刑事判决书(2015)呼刑初字第107号、108号、109号、110号、111号、112号、113号、139号。

户的难题，安华农业保险股份有限公司利用区块链技术开发了肉鸭保险区块链系统。通过区块链系统里的智能理赔合约，养殖户参保人在区块链系统上记录进雏数量，以此为依据进行承保出单；参保人每天记录死亡数量，并拍照上传，屠宰厂记录肉鸭屠宰数量。区块链系统智能对比屠宰厂记录数据和养殖户日常记录的死亡数据，认证真实死亡出险数量，按条款约定进行赔付。肉鸭保险区块链系统形成了承保、屠宰、死亡、定损、理赔的闭环，最大限度避免了保险公司工作人员、农机站工作人员、村委会干部、协保员的人为干预，减少这几类人群的农业保险欺诈机会。在系统终端记录的参保农户为最终责任人，为投保和理赔的真实性负责。“农业保险+区块链”模式破解了长期困扰家禽保险承保难、查勘难、理赔难等行业痛点，还为农业保险反欺诈监管做出了很好的尝试。

但是，在农业保险诈骗案件中能否当然适用区块链电子证据还有待进一步研究。虽然 2018 年 9 月《最高人民法院关于互联网法院审理案件若干问题的规定》（以下简称《最高法若干规定》）第 11 条首次在法律层面认可了具有固定和防篡改技术的区块链等新形式电子数据的证据效力，使电子证据在民事诉讼中被采纳和采信的比例越来越高。① 但是在刑事诉讼中，虽然基于公权力机关较高的信用背书，公诉方提交的电子数据一般都会被法庭采信，② 但传统电子数据在存证、取证、质证等过程中具有成本高、效率低、真实性难以保证等缺陷。③ 而区块链技术却可以在司法适用过程中有效弥补传统电子证据真实性难以保证和验证的不足，呈现出电子证据的“证据自证”模式。④ 然而，在“以审判为中心”的电子证据审查与认定规范体系中，区块链电子证据无法当然地在刑事诉讼中被确认证据能力，它也必须符合证据的共识性理论，否则将陷入合法性质疑的窘境。⑤

---

① 参见张玉洁：《区块链技术的司法适用、体系难题与证据法革新》，载《东方法学》2019 年第 3 期，第 102~103 页；刘品新：《印证与概率：电子证据的客观化采信》，载《环球法律评论》2017 年第 4 期，第 110 页。

② 参见刘哲玮：《民事电子证据：从法条独立到实质独立》，载《证据科学》2015 年第 6 期，第 680 页。

③ 参见可信区块链推进计划：《区块链司法存证应用白皮书》，2019 年 6 月，第 14~15 页。

④ 参见郑戈：《区块链与未来法治》，载《东方法学》2018 年第 3 期，第 83 页。

⑤ 参见张玉洁：《区块链技术的司法适用、体系难题与证据法革新》，载《东方法学》2019 年第 3 期，第 103 页。

8.2 刑诉桎梏：电子数据证据能力

随着新兴科学技术的不断发展和广泛应用，电子数据在2012年被《刑事诉讼法》确立为法定的证据种类后，电子证据在刑事诉讼中发挥着越来越重要的证明作用。但是，电子数据的虚拟性、技术性、多样性、不稳定性、易篡改性、聚集性等特点，使电子数据的证据能力在司法实践中存在着不同于传统证据的桎梏。① 电子证据具有客观性、可变性、复合性及再生性。具体而言，电子证据的客观性指在没有人为因素蓄意篡改或技术差错影响的情况下，电子数据可以全面、完整地呈现案件的客观事实。但电子证据具有客观性的前提条件是排除人为因素的干扰或技术的差错，否则将丧失客观性。电子证据的可变性指基于存储形式及介质的特殊性，电子数据在证据固定前和在收集、固定和运用过程中容易被伪造、篡改、删除，从而影响电子证据的真实性。电子数据容易被伪造、篡改的特性极大地影响法庭对其真实性的信任程度。电子证据的复合性指因电子数据的虚拟性，需要通过科技手段加以呈现电子数据的各类信息(文本、图像或声音等)，因此具有多重复合性。电子证据的复合性要求在庭审中，法庭使用适当手段对电子数据进行示证。电子证据的再生性首先指当电子数据被伪造、篡改或删除后，可以通过技术手段追踪变动痕迹，恢复原始数据。其次，原始电子数据可以被无差别地复制。② 虽然被扭曲的电子数据可以通过技术手段复原，但数据复原的程度和质量是否能达到证据能力的要求，还需要重新鉴定和审查，给司法适用增加了时间上和费用上的成本。除了上述特点外，有学者指出，电子数据还具有聚集性，即大多数电子信息或者数据都处于一定的主体(如服务提供商或服务平台)控制之下，被集中存储和管理。一旦集权控制的信息或数据被篡改或删除，

---

① 参见李睿懿、韩景慧：《电子数据的证据资格和证明力的审查与判断》，载《中国检察官》2017年第16期，第15页；冯俊伟：《跨境电子取证制度的发展与反思》，载《法学杂志》2019年第6期，第28页。

② 参见徐燕平、吴菊萍、李小文：《电子证据在刑事诉讼中的法律地位》，载《法学》2007年第12期，第132~133页。

将给司法取证和认定带来较大的困难与障碍。①

因此，电子证据的这些特性使其在司法实践的存证、取证、举证及证据认定环节存在着不同程度的难点和痛点。第一，电子数据在存证环节存在着集权存证和存储成本高的问题。首先，不论是公证还是第三方存证，本质上都是由集权的一方控制存证内容。这种典型的中心化存证方式，一旦集权系统遭受技术攻击或人为操控，容易造成存证数据的伪造、篡改或丢失；其次，传统的存证方式费用相对较高，不利于处于经济弱势的诉讼当事人维护合法权益。第二，电子证据在取证环节存在着证据原件与设备载体不可分及原件可以被单方修改、删除的问题。在刑事案件调查取证中，因查封电子数据原始载体是取证的首要方式，与案件有关联的计算机、硬盘等各种硬件设备可能被全部查封取走，可能影响被调查人的其他正常业务。然而，此种简单、概括式的取证方法也并不能杜绝原始电子数据在固证前就被单方篡改或删除的情形。即使在固证后，也可能存在着原始数据被篡改或删除的可能性。第三，电子证据在举证环节可能存在着诉讼双方举证的同一数据存在矛盾的情形。电子数据可以有多份同一的原始数据且分别存储于当事人电脑端、云盘、网站平台等各方。在各方分别控制自己数据的情况下，若一方或多方联合篡改或删除数据，诉讼双方提交的电子证据信息就会有出入，甚至出现相互矛盾的情况，这给法庭认定电子证据的真实性造成非常大的障碍。在法庭无法确认哪一方的电子数据具有客观性和真实性时，该份电子证据将不被采纳，这在一定程度上有损于司法公正。第四，在电子证据认定环节存在着认定电子数据真实性的难度。② 有学者在 2017 年对中国裁判文书网抓取的 8095 份与“电子证据”“电子数据”相关的裁判文书进行分析后指出，绝大多数情况下法庭未明确做出是否采信电子证据的判断，这类文书占比为 92.8%；裁判文书明确做出采信判断的只是少数，仅占 7.2%。③ 出现这种情况的主要原因是电子证据真实性的鉴定难度较大，各个地方基层法院因为缺乏足够的技术支撑来辨别电子数

① 参见冯俊伟：《跨境电子取证制度的发展与反思》，载《法学杂志》2019 年第 6 期，第 28 页。

② 参见可信区块链推进计划：《区块链司法存证应用白皮书》，2019 年 6 月，第 6~9 页。

③ 参见刘品新：《印证与概率：电子证据的客观化采信》，载《环球法律评论》2017 年第 4 期，第 110 页。

据的真实性，导致电子证据的采信率极低。①

针对刑事案件中电子证据的取证与审查问题，主要有2014年的《关于办理网络犯罪案件适用刑事诉讼程序若干问题的意见》（以下简称《网络案件若干意见》）、2016年的《关于办理刑事案件收集提取和审查判断电子数据若干问题的规定》（以下简称《刑事电子数据规定》）、2019年的《公安机关办理刑事案件电子数据取证规则》（以下简称《刑事电子数据规则》）等进行规范，但迄今为止并没有统一的电子证据认定规则、采纳和采信标准为法庭判断提供统一依据。② 法律规范的缺位导致我国司法实践中电子证据的认定出现了一系列问题，主要包括举证和质证环节留存隐患、认定依据不科学以及认定标准不统一，电子证据采信质量不高等。③ 这些问题在裁判文书中的具体表现为：普遍地不解释不予采信电子证据的理由，即司法人员"不说理"的现象严重。而在"说理"的裁判文书中，不采信的比例又偏高。④ 电子证据采信水平不高是电子证据的技术专业性同证据采信法律原则之间冲突的表现，应通过电子证据的认定规则与采纳、采信标准的完善，在司法裁判中使技术服务于法律，而非桎梏司法。⑤

8.3 司法适用：区块链电子证据真实性

现代科技的发展和网络化生活的普及使得电子证据在诉讼中的地位越来越重要，改变电子证据采信率较低的状况显得极为紧迫。区块链技术的防止篡改、事中留痕、事后审计、安全防护等特点使得经区块链验证的电子数据真实性的可靠程度较高，对于简化电子证据判断流程、减轻法官的审理负担、降低司法成本、

---

① 参见张玉洁：《区块链技术的司法适用、体系难题与证据法革新》，载《东方法学》2019年第3期，第102~103页。

② 参见郑旭江：《互联网法院建设对民事诉讼制度的挑战及应对》，载《法律适用》2018年第3期，第13页。

③ 参见李学军、朱梦妮：《电子数据认证问题实证研究》，载《北京社会科学》2014年第9期，第60~62页。

④ 参见刘品新：《印证与概率：电子证据的客观化采信》，载《环球法律评论》2017年第4期，第111页。

⑤ 参见何家弘：《证据的采纳和采信——从两个"证据规定"的语言问题说起》，载《法学研究》2011年第3期，第156页。

提高司法效率具有极其重要的作用。[①] 区块链技术主要以提高电子证据真实性为突破口为各项司法业务赋能。从证据法的角度分析，真实性是判断电子证据可靠性程度的重要因素。电子证据的真实性包括电子数据的真实性、电子数据内容的真实性、电子数据载体的真实性。[②]

8.3.1　电子数据的真实性

电子数据的真实性指以电子信息形式存在的数据真实、可靠，并与原始数据保持一致，不存在被伪造、篡改、删除等情形。电子数据一般包括数据电文、附属信息和关联痕迹三个方面。[③] 数据电文是数据内容本身，一般记载着与法律关系产生、变更、消灭有关的数据信息。数据电文的真实性是电子数据真实性的核心与关键。附属信息是对数据电文生成、存储、传递、修改、删除等行为的操作记录，主要证明电子数据的来源和变化过程。附属信息的真实性是数据电文真实性的基础和可靠性证明。关联痕迹指在数据电文生成和变化过程中电子环境变更的痕迹，是辅助证明和判断数据电文内容真实性的技术审查信息。[④]

根据司法实践中的法律规则，法庭主要从以下两个方面判断电子数据的真实性：电子数据来源的原始性、同一性和电子数据在侦查阶段、诉讼过程中的完整性、同一性。在电子数据被侦查机关提取后，应防止其在存储和流转过程中被篡改或删除。目前，由于专业知识和技术水平的限制，大多数基层司法人员不具备对相关技术措施的实质审查、判断、质证能力，因此，法庭主要从以下四个方面形式上审查电子数据的真实性：一是形式上审查侦查人员是否采取了必要的技术措施以判断电子数据在提取过程中和提取后是否能保持原始性、完整性和同一性；二是形式上审查提取和使用电子数据的程序规则是否得到遵守以判断电子数据的完整性和同一性；三是通过专家鉴定、检验等第三方的意见间接判断电子数

① 参见史明洲：《区块链时代的民事司法》，载《东方法学》2019 年第 3 期，第 112 页。

② 参见褚福民：《电子证据真实性的三个层面——以刑事诉讼为例的分析》，载《法学研究》2018 年第 4 期，第 121 页。

③ 参见褚福民：《电子证据真实性的三个层面——以刑事诉讼为例的分析》，载《法学研究》2018 年第 4 期，第 123 页。

④ 参见刘品新主编：《网络时代刑事司法理念与制度的创新》，清华大学出版社 2013 年版，第 126 页。

据的原始性、同一性；四是审查电子数据的收集、提取过程是否可以再现，以间接审查相关的技术措施是否得到了适当的运用和相关的规则程序是否得到了有效的遵守。因此，审查电子数据的真实性本质上是技术问题而非法律问题，法庭需要从形式上审查技术措施或借助专业技术人员的鉴定意见以判断电子证据的真实性，这不仅增加了诉讼成本、影响了诉讼效率，还极大地削弱了法庭对电子证据的确信程度。①

区块链防止篡改的分布式记账特点使得经区块链验证的电子数据真实性已经具有技术保证，法庭无须再在形式上审查技术措施或借助专业技术人员的鉴定意见对电子证据真实性进行间接判断。例如，2019 年 8 月 20 日，在全国刑事诉讼首例采信“区块链电子证据”的王某民诈骗罪案件中，法庭只需要核对支付宝公司出具的光盘内储存内容的 hash 值与法证链区块链上存放的 hash 值是否一致，就可一键式判断电子数据的真实性，② 无须再分步骤地审查数据电文、附属信息、关联痕迹的真实性，无须再在形式上或依赖专业技术人员审查电子数据的来源及在流转过程中是否保持了原始性、完整性、同一性。该案例是我国刑事诉讼中首次确认了区块链电子证据的独立地位。目前，我国三家互联网法院都已经上线运行区块链存证系统。除了传统的存证业务外，区块链存证系统还融合了实名身份认证、关联证据追溯、操作行为审计、文件公示与送达等辅助功能。这些辅助功能结合现有的关键证据收储认定节点系统，减免传统证据认定的非关键步骤，在提升证据认定工作效率的同时降低了工作复杂程度。③ 因此，区块链技术的司法应用落地在技术层面上解决了法庭对电子数据真实性判断的内心不确定性，不断提升司法诉讼效率、降低诉讼成本、促进司法公正。

8.3.2 电子数据内容的真实性

“电子证据内容的真实性，是指电子证据所包含的信息与案件中其他证据所

① 参见褚福民：《电子证据真实性的三个层面——以刑事诉讼为例的分析》，载《法学研究》2018 年第 4 期，第 126~128 页。

② 参见王某民诈骗罪案，浙江省绍兴市上虞区人民法院(2019)浙 0604 刑初 486 号一审刑事判决书。

③ 参见可信区块链推进计划：《区块链司法存证应用白皮书》，2019 年 6 月，第 25 页。

包含的信息能够相互印证，从而准确证明案件事实。”①《区块链司法存证应用白皮书(1.0 版)》认为电子数据内容的真实性指：“(1)在排除合理怀疑的证明标准场合，电子证据所包含的信息可以与案件中其他证据所包含的信息能够相互印证，从而准确证明案件事实；(2)在优势证据证明标准场合，电子证据所包含的信息可以证明一定的法律事实，特别是证明当事人的意思表示和法律行为。”②上述定义既涉及审查电子数据内容真伪的基本思路，也包含了评断电子证据证明价值的基本方法。③ 但上述定义均通过电子证据与其他类型证据的相互印证来体现电子证据证明案件事实的作用，极大弱化了电子证据作为独立证据类型证明案件客观事实的价值。

随着电子数据被《刑事诉讼法》确立为独立的证据类型，应从理论上确认其作为独立证据的价值。电子数据内容的真实性应指电子数据信息能够准确反映和证明案件的客观事实。该定义抛却了以往定义中电子数据内容应与其他证据相互印证的必要条件，以明确电子证据的独立证据能力和证明力。由于审查电子数据内容的真实性主要是技术检查而非法律判断，因此对电子数据内容的真实性存疑时应当进行鉴定。④《人民检察院电子证据鉴定程序规则(试行)》第 4 条规定电子证据的鉴定范围包括：电子证据数据内容一致性的认定、各类存储介质或设备存储数据内容的认定、各类存储介质或设备已删除数据内容的认定、加密文件数据内容的认定、计算机程序功能或系统状况的认定、电子证据的真伪及形成过程的认定、根据诉讼需要进行的关于电子证据的其他认定。除了委托鉴定这种传统方式外，《刑事电子数据规则》还规定了电子数据检查和电子数据侦查实验这两种方式以确定电子数据内容的真实性。上述确定电子数据内容真实性的手段不仅具有极强的技术专业性和复杂性，还非常耗时耗力耗财，同时又要满足记录类证据

① 褚福民：《电子证据真实性的三个层面——以刑事诉讼为例的分析》，载《法学研究》2018 年第 4 期，第 128 页。

② 可信区块链推进计划：《区块链司法存证应用白皮书》，2019 年 6 月，第 20~21 页。

③ 参见褚福民：《电子证据真实性的三个层面——以刑事诉讼为例的分析》，载《法学研究》2018 年第 4 期，第 129 页。

④ 参见张军主编：《刑事证据规则理解与适用》，法律出版社 2010 年版，第 233 页。

的同步规则和见证规则,[①] 这均是导致电子证据采信率低的主要原因。

由区块链与物联网(Internet of Things，缩写 IoT)技术结合形成的蚂蚁 IoT 可信上链，为区块链提供源头可信的物理世界数据和端—链—云一体化解决方案，实现可信数据采集、数据实时上链、数据多维验真。在蚂蚁区块链 IoT 的数据采集阶段，可防止采集设备和使用者身份被伪造，防止窃听和信号伪造，防止设备被恶意代码攻击；在数据上链阶段，设备计算数据 hash 值实时上链，国家授时中心的可信时间戳及地点、身份、环境信息同步上链；在数据验真阶段，由数据 hash 值对比验真，地点、身份、环境等信息进行算法辅助验真。上述一系列复杂操作都由系统设定的代码自动执行，使用者只需将设备上电子数据的 hash 值与法证链上的 hash 值进行一致性对比，就可判断数据内容的真实性。区块链 IoT 数据存证、取证、验真方法不仅操作简便、快捷，费用还低廉。除此之外，区块链 IoT 系统还可以与农业保险区块链、信息共享、物流链、供应链金融、跨境支付、资产数字化等项目的应用相结合，在电子数据生成的同时就可同步存储和记录数据来源、数据时间戳、数据的流转过程等，从而可靠地证明电子数据内容的真实性，提高所存储和输出电子数据内容的可信度。

8.3.3 电子数据载体的真实性

电子数据载体的真实性指“存储电子数据的媒介、设备在诉讼过程中保持原始性、同一性、完整性，不存在被伪造、变造、替换、破坏等问题”。[②] 其主要包括电子数据载体来源的真实性和电子数据载体在侦查和诉讼流转中的真实性。《最高人民法院关于适用〈中华人民共和国刑事诉讼法〉的解释》第 93 条，《刑事电子数据规定》第 8 条、第 9 条、第 18 条，《网络案件若干意见》第 14 条至第 17 条，《刑事电子数据规则》第 2 节和第 3 节等从原始存储介质的收集、提取方式做了详细的技术措施规定和程序性规定，以使法庭有明确的标准来判断在庭审中出示的电子数据载体与侦查时收集、封存、提取的载体是否同一和完整，以审查电

---

① 参见彭海青：《证据合法性证明与程序性证据法理论》，载《法学杂志》2018 年第 12 期，第 82 页。

② 褚福民：《电子证据真实性的三个层面——以刑事诉讼为例的分析》，载《法学研究》2018 年第 4 期，第 123 页。

子数据载体的真实性。

在无法扣押原始数据载体的案件中，例如，关闭电子设备会导致重要信息系统停止服务或境内远程计算机信息系统上的电子数据，① 扣押移动设备（既是个人财产又是信息载体）无法平衡宪法上的隐私权利与犯罪调查的重要性时，② 区块链存证的分布式存储方式及防篡改校验机制，可以使电子数据脱离原始存储介质而安全存储和流转，确保电子数据的真实性。因此，区块链技术极大地扩展了电子数据载体的外延。③

有学者指出，在司法实践中，我国法庭对电子证据的真实性进行审查时没有明确真实性的三个层次，存在审查逻辑混乱的现象。电子证据真实性的三个层面之间具有一定的逻辑关系，即电子数据载体的真实性是电子数据真实性的外部保障，电子数据真实性是电子数据内容真实性的技术基础，电子数据载体和电子数据真实性是电子数据内容真实性的前提。因此，法庭审查电子证据真实性的顺序应当是首先审查电子数据载体的真实性，在此基础上审查电子数据的真实性，最后审查电子数据内容的真实性。明确审查规则后，还要考虑技术措施与程序规则的有效衔接。④ 但区块链电子证据将打破有些学者提出的电子数据真实性的审查规则。电子数据载体的真实性审查不再是必要选项，在区块链系统上的电子数据真实性将由 hash 值一键验证，电子数据内容的真实性审查规则仍由相关法律法规进行规范。

2018 年 9 月开始实施的《最高法若干规定》对在互联网法院提起诉讼的民事案件和行政案件中涉及的区块链存证程序规则和技术措施进行了规范。经过不到一年的实践，根据杭州互联网法院 2019 年 7 月公布的数据显示，区块链司法存证系统破解了取证、存证难的问题，助力法庭快速高效地查明案件事实、明晰双方责任。在提升审判效率和司法效能的同时，又有效降低了网络纠纷。例如，电

---

① 无法扣押原始数据载体的情形详见《公安机关办理刑事案件电子数据取证规则》第 16 条、第 23 条、第 36 条的规定。

② 参见郭旨龙：《移动设备电子搜查的制度挑战与程序规制——以英美法为比较对象》，载《法学杂志》2020 年第 3 期，第 103 页。

③ 参见可信区块链推进计划：《区块链司法存证应用白皮书》，2019 年 6 月，第 19 页。

④ 参见褚福民：《电子证据真实性的三个层面——以刑事诉讼为例的分析》，载《法学研究》2018 年第 4 期，第 121、131、137 页。

商平台和网络服务平台纠纷率从5%下降到了0.01%，著作权侵权纠纷率较同期下降了12%。① 区块链司法系统已经有效提高了电子证据审查认定的效率和质量，降低了审查难度和风险，对于提升案件审理效率和促进司法公正具有重要作用。

8.4 理论与实践：区块链系统的应用价值

8.4.1 理论拟合：证据法认识论与价值论

在我国证据法学理论基础的探讨中，存在着证据制度应当以认识论还是以价值论为基础的争鸣。自20世纪50年代，辩证唯物主义认识论是我国刑事证据制度的主要理论基础。因此，学者提出“我国刑事证据制度的理论基础主要是辩证唯物主义认识论和司法公正论，二者相互补充，相互协调，共同构建了我国刑事证据制度的基础理念”。案件事实不依赖于侦查人员的主观意识而客观存在，所谓查明案件事实真相就是司法人员主观认识符合案件客观事实的过程。以“犯罪事实清楚、证据确实充分”为排他性证明标准达致诉讼案件客观真实的刑事证明目的。② 而“诉讼中的认识活动，就是公安司法机关的人员和诉讼参与人依感官知觉与理智的作用而对与案件有关的事实进行感知、判断从而达到了解的过程”。认识活动是判决的基础且贯穿于诉讼活动的始终，追求客观真实是诉讼的目标，但仍存在着查明和未查明案件事实真相的两种认识结果。“我国的证据法学应以实在论和对于人的认识能力存在适正评价的观点相结合的认识论为基础”，既肯定事物的客观存在性又兼顾人的有限理性。③

但随着法哲学分析方法的崛起，一些学者在讨论刑事证据法学理论基础时开始着重运用价值论的哲学分析方法，进而不断反思辩证唯物主义认识的正统理论地位。例如有学者指出：发现案件客观真实的认识活动只是诉讼活动的一部分，

---

① 参见杭州互联网法院：《司法区块链存证总量破9亿 破解取证、存证难》，载新浪网：http：//k. sina. com. cn/article_3952319369_eb939b8902000jz0a. html，2019年7月12日。

② 参见陈光中、陈海光、魏晓娜：《刑事证据制度与认识论——兼与误区论、法律真实论、相对真实论商榷》，载《中国法学》2001年第1期，第37~42页。

③ 参见张建伟：《证据法学的理论基础》，载《现代法学》2002年第2期，第35~40页。

诉讼的目的除了查明案件事实真相还包括解决利益争端，诉讼活动要受到程序法的限制和规范，诉讼证明活动不能完全等同于认识活动，其还包含一系列诉讼价值的实现和选择过程。在此基础之上，有学者倡导我国证据法学的理论基础应转向价值论，将证据规则建立在形式理性观念和程序正义理论的基础之上，以解决通过公正、合理的方式查明事实真相的问题。① 而另一种观点则认为，认识论不是刑事证据法学的唯一理论基础，还应包括法律价值及其平衡、选择理论。秩序、个人自由、公平和效率应是刑事证据法的基本价值，当价值之间发生冲突的时候，应当兼顾各个价值并达到平衡的状态。② 有学者认为证据法应在秩序与自由、公正与效率、惩罚犯罪与保障人权、实体真实与程序正当等价值之间建立均衡。③ 但也有观点认为刑事证据法由客体价值、主体价值和价值评判标准组成，提倡以兼顾原则和权衡原则整合价值冲突。④

在认识论和价值论的激烈交锋后，很多学者不再把认识论作为刑事证据法的唯一理论基础，而是在坚持多元论的同时将认识论作为重要的理论基础。⑤ 例如，“我国刑事证据规则立法应以诉讼认识论和诉讼价值论为理论基础”，包含公正、人权、自由、秩序和效率等价值形态，以实现司法公正、保障人权、促进自由、维护秩序和兼顾效率的价值目标。通过重点规范证据能力、兼顾证明力，推进刑事庭审方式改革，实现证据法的价值多元化。⑥ 在证据法理论争锋背景下，电子证据在司法实践中仍然是以自由心证为一般的采信原则。由于传统方法鉴定电子证据真实性的技术局限性导致法庭对电子证据确信的摇摆，法官一般通过证据间的相互印证、依靠良心和理性自由来裁量电子证据能力及证明力的大小，因此电子证据的采信率较低。⑦ 而区块链技术在司法存证领域和农业保险等

---

① 参见陈瑞华：《从认识论走向价值论——证据法理论基础的反思与重构》，载《法学》2001 年第 1 期，第 21~23 页。

② 参见张建伟：《证据法学的理论基础》，载《现代法学》2002 年第 2 期，第 42 页。

③ 参见卞建林主编：《刑事证明理论》，中国人民公安大学出版社 2001 年版，第 77 页。

④ 参见喻名峰：《刑事证据法的价值结构》，载《法学评论》2015 年第 4 期，第 40 页。

⑤ 参见王超：《中国刑事证据法学理论体系的科学建构》，载《法学评论》2013 年第 1 期，第 47 页。

⑥ 参见樊崇义：《刑事证据规则立法建议报告》，载《中外法学》2016 年第 2 期，第 300 页。

⑦ 参见刘品新主编：《网络时代刑事司法理念与制度的创新》，清华大学出版社 2013 年版，第 111 页。

领域的应用不仅破解了技术难题，突破了制度障碍，还为认识论与价值论的争端提供一种新的解释视角。

证据法认识论与价值论的主要分歧在于涉及价值实现和选择的活动是否算认识活动。认识论坚持者从广义上论证认识活动的内涵，指出诉讼证明活动是社会证明活动的一种，虽然受证据规则和法律价值的制约，但其本质上仍然是认识活动。对于非法证据排除规则、疑罪从无规则等证据规则和公正与效率、实体真实与程序正当等价值，恰恰反映的是证据认识活动目的和功能的多元性。而价值论者从狭义上定义认识活动，认为诉讼认识活动只包括查明案件客观真实的活动，在刑事诉讼中的程序适用、证据规则、价值冲突与选择等不属于狭义的诉讼活动认识范畴。价值论者主要借助程序正义理论解决司法人员查明客观事实的程序合法性及正当性问题，以强调公平、保障人权等价值目标。因此，不论是认识论还是价值论，都关注查明案件事实和诉讼程序正当性这两个层面。而区块链司法系统的共识机制、哈希嵌套的链式存储结构、可信时间戳、数字签名、可编程的智能合约等核心技术同时解决了如何正当地获取、使用电子数据原件的程序性问题和如何保证获取的电子数据真实性的客观事实问题。即区块链司法存证系统将客观事实的证明活动和存证、取证程序的正当性内化为一个系统代码行为，在一定程度上拟合了证据法认识论与价值论关于程序规则的适用活动是否属于认识活动的分歧。不论理论上怎么定义和评价证据制度的认识活动和价值活动，区块链系统的电子数据储存、流转、存证、取证模式在客观上简化了电子证据的认定程序，降低了电子证据真实性的认定难度，推动了司法活动的公正与效率。

8.4.2 监管支撑：农业保险反欺诈

农业保险区块链系统与监管机构和保险公司业务系统对接，以区块链系统的防篡改和时间戳等特点为基础，构建无须第三方认证的互信环境，识别并制止重复/虚假投保、虚假承保、虚假理赔、协议理赔等违法违规行为。在种植业领域，区块链应用系统在3S、无人机等技术的支撑下，开展“按图承保、按图理赔”的精准承保、理赔模式，从根本上解决耕地标的数量、位置、权属、灾损程度问题，有效规避虚假承保和虚假理赔的风险。在养殖业领域，区块链应用系统在物联网(电子耳标、电子项圈)、猪脸识别/牛脸识别等技术的支撑下，实现参保数量、死亡数量、屠宰数量的闭环管理，并按照事先约定的理赔条款自动触发理赔智能合约，减少人为操纵环节，降低虚假承保、虚假理赔、协议理赔的概率。农业保险区块链应用系统不仅可以实现对保险机构、农业保险业务和市场的合规合法和公平有序的监管，还可以实现对财政补贴资金的全程追踪和动态监管，有利于推动农业保险反欺诈模式由事后监管向事前、事中监管转变，有效解决信息不对称问题，消除信息壁垒，缓解监管时滞，保障农业保险市场规范有序。

农业保险区块链系统的数据接口与法证链连接，在参保农户提交投保面积/数量、受灾面积/死亡数量、灾损程度、屠宰数量等数据和证据时，保险机构确认承保数据、理赔数量、理赔金额的数据和证据时，政府各级机关提供和发放农业保险财政资金补贴数额的数据和证据时，法证链同步存储和记录数据和证据的来源、时间戳等信息，实现电子数据和电子数据载体真实性的一键式验证，为法庭对电子证据的采信提供简单、快捷的技术支持。提交原始数据和受灾情况、土地权属信息等证据的参保农户为电子数据内容的真实性负责，屠宰厂和病死动物尸体无害化处理厂为牲畜死亡数据的真实性负责，保险机构为承保到户、据实理赔的真实性负责，各级财政为财政补贴资金发放到位的真实性负责。区块链系统减少人为操控农业保险业务的空间和降低互相推诿责任或联合欺诈的可能性，能够有效抑制重复/虚假投保、虚假/协议理赔等违法违规行为；同步监管和业务追踪为农业保险反欺诈提供强有力的技术支撑，可有效促进农业保险行业健康、可持续发展。

第9章　农业保险监管制度完善与监管科技应用建议

新制度经济学认为制度是社会游戏的一系列规则或者是人为设计的塑造人类交互行为的约束力。① 这些制度从法律、文化规范、市场、架构、交易费用等方面约束人类的行为。② 在信息完全的环境下，制度不重要，因为去中心化的执法足以惩罚违法行为。但是在信息不完全或获取信息需要费用的环境下，制度就非常重要。③ 在不完美农业保险市场中，即政府机构、保险人、投保农户依靠不完全信息和有限理性来消化信息时，委托人、代理人、投保人的不同利益可导致代理人和投保人的机会主义行为，所以制度的实施并不完美。因此，由于机会主义行为的存在，农业保险合同的签订和履行过程中蕴含着很多风险。新制度经济学家认为，减少风险取决于正式制度、非正式制度和组织模式的共同作用。④ 那么，为了减少虚假投保、虚假理赔、骗取财政补贴资金等违法违规行为，不仅需要正式制度，即《民法典》《保险法》《农业保险条例》对农业保险业务的强力约束，还需要交易方式、监管方式、基层纠纷解决机制等非正式制度共同配合，促进农业保险行业高质量发展。

---

① Douglass C. North, *Institutions, Institutional Change, and Economic Performance* (Cambridge University Press, 1990), p. 3.

② Oliver E. Williamson, "The Institutions of Governance" (1998) 88(2), *The American Economic Review* 75, 75; Oliver E. Williamson, "The New Institutional Economics: Taking Stock, Looking Ahead" (2000) 38(3), *Journal of Economic Literature*, pp. 595, 596-597.

③ Paul R. Milgrom, Douglass C. North, and Barry R. Weingast, "The Role of Institutions in the Revival of Trade: The Law Merchant, Private Judges, and the Champagne Fairs" (1990) 2(1), *Economics & Politics*, pp. 1, 21.

④ Claude Ménard and Mary M. Shirley (ed.), *Handbook of New Institutional Economics* (Springer, 2008), p. 1.

9.1 农业保险监管制度完善建议

在2013年至2019年审结的所有农业保险合同诉讼案件中，原被告双方的争议焦点主要集中于农业保险合同的效力、理赔协议的效力、免责条款的效力、事实认定四个方面，而当事人的举证能力能为农业保险合同诉讼胜负的关键因素。第一，未能提供耕地权属凭证或土地承包合同的投保农户要承担农业保险合同未成立且未生效的不利后果。第二，由于农业生产的复杂性和农业保险的财政资金补贴性，协议理赔成为农业保险领域的常态。① 中国裁判文书网公布的几十起关于赔偿协议效力的诉讼只是现实中农业保险协议理赔纠纷的冰山一角。第三，保险公司通常在农业保险合同上规定免责条款，通过限定承保风险范围、等待期(观察期)、约定免赔额和免赔率、比例赔付、特别约定等方式合理规避自身的风险，要求农民承担一定的风险管理义务。② 但是在发生自然灾害后，免责条款是否有效成为农民投保人与保险公司的主要争议焦点。第四，农业保险案件的事实分为案件的证据事实和案件的法律事实，法院依据诉讼双方提供的证据判断证据事实，再结合法律条文和生活经验认定法律事实。③ 因此，鉴于农业生产的周期性和不可再现性，法院会通过优势证据认定证据事实和法律事实。④ 在中国裁判文书网公开的所有农业保险合同诉讼案件中，超过70%的案件涉及事实认定的纷争。农民与保险公司主要在投保面积和投保位置，保险标的物受灾的原因、数量、范围、灾害损失率、赔偿标准，保费未足额缴纳时的赔偿数额，投保标的物单位换算等方面存在较大的分歧。⑤ 第五，在农业保险合同诉讼中，一般规则为

① 参见《农险还没承保就约好赔多少 为兑现赔付屡现造假》，载新浪财经网：http://finance.sina.com.cn/money/insurance/bxdt/20141211/103021051106.shtml，2020年6月1日最后访问。

② 参见粮文仲：《保险合同免责条款的理解与法律适用》，载《保险研究》2010年第11期，第109页。

③ 参见耿宝建：《在法律与事实之间——司法裁判中事实认定过程的法理分析》，载《河北法学》2008年第1期，第136~137页。

④ 参见熊志海：《诉讼证明的客观标准与主观标准》，载《现代法学》2000年第5期，第76页。

⑤ 数据来源：中国裁判文书网公布的农业保险合同诉讼案件(2013—2019年)。

“谁主张、谁举证”。如果当事人因客观原因不能自行收集证据，可以申请人民法院收集和调取证据。在“证据裁判主义”为中心的审理模式下，证据成为诉讼双方能否获胜的关键。① 相较于农民较弱的提取、固定证据的法律意识，保险公司的法律专业性和严格的内部管控制度使其在证据的收集和固定方面具有压倒性优势，这也意味着在农业保险合同诉讼中处于优势地位。第六，投保不同的保险公司在诉讼中可获得的保险利益机会不同，体现了保险公司业务模式的差异；不同省份的投保农户通过诉讼方式获得的保险利益机会具有显著差异，体现了不同省份对农业保险制度执行的差异；投保不同的标的物在诉讼中获得的保险利益显著不同，体现了不同作物受灾的证据举证难度存在差异。为此，本书依据实证研究结果和农业保险合同诉讼的特点，从保障农民保险权益及推动法治乡村建设的角度提出如下建议。

第一，完善《农业保险条例》第 10 条内容，并将免责条款纳入“五公开、三到户”公示范围。

农业保险合同的免责条款记载的均是减轻或免除保险公司责任的内容，包括保险观察期、免赔额、免赔率等免责概念，免责内容、免责法律后果。常见免责条款的内容一般在保险合同中专门的章节进行阐述，但是很多隐性的免责概念和免责内容则散见于保险合同的其他条款中，例如，对特定灾害概念的解释和灾害赔偿范围的界定。② 虽然法律规定保险公司在承保前需要向投保人提示和明确说明免责条款的概念、内容和法律后果，但在实践中，由于农业保险投保的集体性，有些保险公司一般在村里采取公示的方式展示农业保险合同的部分免责条款，但大部分保险公司依据《农业保险条例》第 10 条的规定，只在村里公示投保人详细清单和投保面积/数量信息，不予公示农业保险合同的免责条款。因此，建议将免责条款的概念、内容、法律后果纳入“五公开、三到户”的内容，并将免责条款的公示义务补充到《农业保险条例》第 10 条，以充分保障农民的保险权益。

第二，完善《农业保险条例》第 12 条内容，明确保险机构查勘定损证据的收

---

① 参见胡学军：《我国民事证明责任分配理论重述》，载《法学》2016 年第 5 期，第 38 页。

② 参见王静：《如实告知义务法律适用问题研究——以最高人民法院关于适用〈中华人民共和国保险法〉若干问题的解释(二)为核心》，载《法律适用》2014 年第 4 期，第 84 页。

集和固定义务。

在民事诉讼程序中，完整的证据链条可以较大程度重现生活事实，使法律事实接近于生活事实。[①] 尤其是投保人与保险公司在投保位置、灾害损失数量、损失范围、损失率等事实认定方面的纷争，诉讼胜败的关键在于哪方当事人能够向法庭提交支持己方诉讼主张的确实和充分的证据。[②] 在自然灾害发生后，保险公司出于业务效率和风险控制的考量，一般会要求内聘的农业专家采取抽样的方式对灾害地区进行定点评估，综合判断整个受灾地区的平均损失数量和损失程度。这种方法虽然具有快速查勘定损和快速理赔的优势，但是对于灾害损失程度较重的农民而言不具公平性。在农户与保险公司发生定损经纠纷时，大部分农民没有及时收集和固定受灾证据的意识，即使有类似的想法，也不知道如何收集和固定能够满足庭审要求的证据。因此，在农业保险合同诉讼中往往由于无法举证而丧失权利保障的机会。因此，《农业保险条例》第 12 条在规定保险机构应当及时查勘定损的基础上，建议规定保险机构负责收集和固定查勘定损的证据，并在诉讼和仲裁中承担举证责任；建议规定在农业保险理赔期间，若农户对保险公司的查勘定损结果持有异议，保险机构负责对异议保险标的的受灾情况单独收集和固定查勘定损的证据，并在诉讼和仲裁中承担举证责任。

第三，在《农业保险条例》中补充纠纷解决机制，建构中立第三方查勘定损机制。

在我国，解决农业保险合同纠纷的途径主要为诉讼和仲裁，但这两种方式不仅耗时还非常耗财。大部分农民的经济实力较弱且法律意识不强，无法对抗资金实力雄厚和法律人才储备丰富的保险机构，只能默然接受不公平的理赔方案，以协议理赔方式草草收场。因此，应当在县级、乡、镇等建立高效、便捷、免费服务的基层农业保险纠纷解决组织，由当地非受聘于保险机构的农业技术专家组成，参照仲裁的方式解决农户与保险机构之间的合同纠纷。

鉴于农户与保险机构之间的农业保险合同纠纷多集中于对查勘定损结果的分歧，且农业领域受灾的查勘定损具有时效限制，因此，应当在基层建构中立的第

① 参见栗峥：《证据链与结构主义》，载《中国法学》2017 年第 2 期，第 176 页。

② 参见张保生：《证据制度的完善是实现审判中心的前提》，载《法律适用》2015 年第 12 期，第 9 页。

三方查勘定损服务组织，例如，由政府、保险协会、农业类研究院等第三方中立组织建立查勘定损服务组织，接受农户的委托对受灾标的进行查勘定损，并及时制作查勘定损报告。第三方查勘定损服务组织不以营利为目的，在保持收支平衡的基础上为农户提供低价、及时、保质的查勘定损服务。基层农业保险纠纷解决组织应当依据该份查勘定损报告作出裁决，有相反证据证明除外。

第四，制定《农业保险条例》配套实施办法，监督及规范保险机构的农业保险业务流程。

《保险法》《农业保险条例》等法律法规只对保险公司经营农业保险业务做了最基本的规定，不同保险公司的业务流程规范和合规审查要求不同，导致农民在不同的保险公司投保时享受的服务和保险利益均不同。根据本书 Logistic 模型和多元线性回归模型的结果显示，原告起诉不同被告的胜诉几率具有显著差异性，原告能从不同保险公司获得的一审判决支持金额也具有显著差异性。这充分说明，不同保险公司的服务水平和业务流程规范性存在明显差异，农民从不同保险公司获得的保险利益机会也存在显著的差异。依据农民与保险公司合同纠纷的主要争议焦点研究结果，建议监管机构规范保险公司承保前免责条款的提示和明确说明义务的履行程序，规范保险公司在农业保险合同成立前的具体分户明细清单制作工作，规范保险公司在查勘定损环节的鉴定程序和查勘定损记录的格式要件和形式要件，规范保险公司在理赔时的公示结果签字程序。

监管机构对由科技推动发展的价格保险和指数保险等创新型业务的管理规定和操作细则还属于真空状态，这导致实践中各省市监管和操作标准不统一，不规范、不协调，影响了创新型农业保险品种的更新优化速度。鉴于农业保险集成应用端已经实现了投保、承保、查勘定损申请、理赔、合规等核心业务的全程在线化，合同、签字、公示等已经部分实现了电子化，建议在 2015 年实施但已经失效的《农业保险承保理赔管理暂行办法》基础上，结合我国农业保险业务操作实践和农业保险科技应用趋势，重新修订并颁布管理细则，统一行业实务操作标准，做到有章可循、有据可依，促进农业保险规范发展。

第五，改善监管方式和监管手段，实现农业保险全链条的动态监管。

在保险机构的大部分农业保险业务已经由 3S、无人机、人工智能、物联网（电子耳标、电子项圈等）、区块链等现代科技进行支撑，颠覆传统农业保险模式，实现了服务智能化、业务数字化、承保理赔精准化。但是农业保险的监管方式和手段还未与时俱进，严重阻碍和制约了农业保险的发展质量和监管效果。为了切实落实农业保险补贴惠民政策，加强农业保险业务合法合规经营，避免虚假投保、虚假理赔、保险欺诈等违法违规行为，农业保险的监管应当从事后监管向事前监管、事中监管转变，从结果监管向风险预警、过程监管、全链条监管转变，重点追踪国家财政补贴资金的流向，加强现代科技在监管领域的应用。

现代科技可以支持农业保险业务监管的效能提升，实现监管的实时性、高效性、低成本、多维度。政府监管机构可以利用大数据、云计算、人工智能等技术集成的数字化农业保险管理系统，时时在线查看和审核保险人、投保人、被保险人、保单、保险标的等各项信息，对农业保险经营的合规性进行全流程监管。高效化的监管有赖于通过农业保险科技提取的准确和及时的信息。人脸识别系统提取的投保人、被保险人的信息，3S 技术提取的种植业标的信息，可穿戴物联网设备提取的养殖业标的信息，移动支付提供的理赔到户信息等，使重复投保、虚假投保、保单倒签等套取财政资金补贴的违规行为无处遁形，补贴资金的去向也更为清晰，最大限度地避免因虚假承保和虚假理赔等行为导致的财政补贴资金流失。现代科技的有效应用不仅有利于监管部门开展全行业、多维度的统计分析预测，也有利于及时发现农业保险行业潜在的风险，有效防范系统性和区域性农业保险风险，大大提升监管工作水平和效率。

9.2 保险科技应用与数据共享建议

9.2.1 加强保险科技的应用，实现农业保险业务精准化

农业保险科技的应用，解决了农业保险行业长期存在的谁投保、投保标的在哪里、标的损失是多少、赔给谁的难题，实现了承保精确化、定损精确化、理赔精确化。监管机构应当鼓励保险机构在现有的基础上，继续强化保险科技的应用与更新，不断服务于广大农户与乡村振兴战略。

1. 农业保险承保精准化

新技术的突破，已经带来农业保险作业方式，乃至业务模式的变革。基于人脸识别、大数据、人工智能、云计算等科技，通过智能手机 App 实现自助服务方面的拓展，减少人工成本和作业量，提高服务效率和水平。自助服务不仅可以降低农业保险服务成本，还能提高农业保险服务的覆盖能力，非常符合我国农业保险发展的需求。而猪(牛)纹识别技术攻克了猪(牛)脸生物特征不显著、识别率低的技术难题，一举破解了养殖保险中的承保标的识别难的痛点，实现精确承保，对中国养殖业的保险意义非常大。3S 技术的应用逐步建立起数据信息全面精准的耕地空间标的库，实现承保标的空间信息化管理。保险公司借助基层农村协保员采集的地块权属信息，建立具有准确耕地数量、空间分布位置和权属信息的农业保险地块空间数据库，实现农户个人信息、标的属性信息和耕地地块空间位置信息三个维度信息的有效整合与关联，以解决农业保险信息不对称问题，实现投保人、承保人、承保标的的精确承保。由于做到了精准化，有效控制了虚保、冒保、替保和一地多保现象的发生。

2. 农业保险定损精准化

农业保险难，难在查勘定损。实践中，传统农业保险的查勘定损多数情况还是依靠保险公司人员在现场完成。但是，大多数农业保险标的物所在位置偏远、分散，且价值偏低，查勘定损成本占比较高。在农业保险科技的赋能下，可以利用无人机进行现场查勘定损风、雹、涝、旱等局部性、多发性、分散于较大区域的灾害情况，利用 3S 技术定时监测大面积农作物长势及产量评估，转变以往的“用腿理赔”模式，实现对灾情多层次、全覆盖的高效评估。通过 3S 地理空间信息技术，移动互联基础，综合运用“天”(航天卫星遥感)、“空”(航空无人机)、“地”(地面人工调查和移动信息采集设备)等新技术手段和一体化智能服务平台，实现多层次、立体化、全覆盖的高效风险评估和精准灾害损失查勘、定损。① 同时，数据采集平台、数据分析平台、数据展示平台的全流程贯通及综合化高效应用显著了提高查勘定损服务效率，用更少的人、更短的时间、实现更有效的服务。

---

① 参见赵思健、张峭：《科技助推农业保险高质量发展研究》，载《保险理论与实践》2020 年第 8 期，第 9 页。

3. 农业保险理赔精准化

在农业保险理赔前，合规是前置提条件，也是农业保险的生命线。借助无人机、3S 技术，保险公司已经构建起按图承保、按图理赔的“天、空、地”一体化农业保险服务体系，实现地块信息与承保/理赔信息的精确匹配，保证完整性和真实性，解决重复投保/理赔和虚假报案等套取补贴资金的违规行为，解决人工勘察中存在的工作量大、时效性不高等问题。区块链+人工智能使保险公司可以实时监控农业生产的全过程，对农户资产的风险评估也就更准确，提供了风险定价和风险控制的依据。合规的快速性和准确性为理赔的精准化提供了较好的基础。在保险业务上的人工智能机器人已经具备了专业的审核能力，平均 24 小时就能够完成赔付，其中 32%理赔可以在 1 小时之内直接完成。①

9.2.2　建设农业保险数据共享平台，夯实农业保险监管基础

农业保险基础数据的缺乏和信息壁垒已经严重阻碍了以大数据为支撑的创新型产品精算和分区费率厘定，严重制约了农业保险监管的时效性和有效性，影响了农业保险“扩面、增品、提标”的发展目标。为此，应优化多机构的信息共享和共建联动机制，以“民办、官助”为指导，建设农业保险数据运营平台，实现政策联动、资金联动和信息联动。

民办农业保险数据运营平台。以保险公司、科技公司等市场化组织为共同主办主体，在经营主体共享农业保险业务基础数据基础上，加快建立农业保险数据运营平台，共同输入数据、共同运营数据、共享数据收益，建立多方可用和共赢的可持续商业化运行机制。该平台以打破各个农业保险经营主体之间的基础数据壁垒为突破口，以对接政府部门的农业相关基础数据为发展方向，逐步破除财政补贴资金信息壁垒和农业保险业务数据壁垒，实现农业保险基础数据的有条件开放和共享，不断提高农业保险数据的经营水平和服务水平。

官助农业保险数据运营平台。加快完善以省、直辖市为中心和以部、委为中心的跨省域、跨部门的农业保险数据资源共享机制，实现农业、财政、银保监、林业、国土资源、气象等职能部门的农业基础数据和信息的相互对接，逐步集成

① 参见计算机世界：《蚂蚁金服　客服“小二”变形记》，载读览天下：http：//www.dooland.com/magazine/article_879429.html，2016 年 7 月 5 日。

农业生产、农户信息、气象灾害、农业保险经营、农业保险服务机构等基础信息，实现数据汇总、结果生成。将汇总的数据分项对接到民办农业保险数据运营平台，支撑平台的实时管理、信息共享、自助查询、动态监测、风险预警等多种功能。

参考文献

1. 卞建林主编：《刑事证明理论》，中国人民公安大学出版社 2001 年版。
2. 曹诗权：《法治体系建设的开放包容与衡平——基于动态平衡诉讼理论的思考》，载《中国检察官》2018 年第 13 期。
3. 陈光中、陈海光、魏晓娜：《刑事证据制度与认识论——兼与误区论、法律真实论、相对真实论商榷》，载《中国法学》2001 年第 1 期。
4. 陈光中：《动态平衡诉讼观之我见》，载《中国检察官》2018 年第 13 期。
5. 陈群峰：《保险人说明义务之形式化危机与重构》，载《现代法学》2013 年第 6 期。
6. 陈瑞华：《从认识论走向价值论——证据法理论基础的反思与重构》，载《法学》2001 年第 1 期。
7. 陈文华：《民间规则与合同解释》，载《甘肃政法学院学报》2013 年第 2 期。
8. 褚福民：《电子证据真实性的三个层面——以刑事诉讼为例的分析》，载《法学研究》2018 年第 4 期。
9. 邓义、陶建平：《中国农业保险监管研究》，科学出版社 2017 年版。
10. 丁少群、张艳：《农业保险的政策效果需要监管护航》，载《中国保险》2014 年第 8 期。
11. 董坤：《检察环节刑事错案的成因及防治对策》，载《中国法学》2014 年第 6 期。
12. 杜一华、尹鑫鹏：《金融监管规章影响合同效力的公序良俗通道研究》，载《河北法学》2020 年第 11 期。
13. 樊崇义：《刑事证据规则立法建议报告》，载《中外法学》2016 年第 2 期。
14. 冯俊伟：《跨境电子取证制度的发展与反思》，载《法学杂志》2019 年第 6 期。

15. 冯文丽、苏晓鹏：《农业保险助推乡村振兴战略实施的制度约束与改革》，载《农业经济问题》2020 年第 4 期。
16. 高恩胜：《诉讼成本、财政支农与农业保险——基于规模以上农村养殖企业的实证检验》，载《四川农业大学学报》2020 年第 1 期。
17. 高凯、丁少群、王信：《我国农业保险发展的省际差异性及其形成机制研究》，载《保险研究》2020 年第 4 期。
18. 耿宝建：《在法律与事实之间——司法裁判中事实认定过程的法理分析》，载《河北法学》2008 年第 1 期。
19. 龚伟、周明帅：《农业保险欺诈及其法律治理——美国经验和启示》，载《求索》2016 年第 5 期。
20. 龚贻生、朱铭来、吕岩：《论保险合同免责条款和保险人明确说明义务——〈保险法〉第 17 条和第 19 条的理解和适用》，载《保险研究》2011 年第 9 期。
21. 郭军、谭思、孔祥智：《农户农业保险排斥的区域差异：供给不足还是需求不足——基于北方 6 省 12 县种植业保险的调研》，载《农业技术经济》2019 年第 2 期。
22. 郭琳佳：《保险人说明义务之履行问题研究》，载《法律适用》2006 年第 5 期。
23. 郭旨龙：《移动设备电子搜查的制度挑战与程序规制——以英美法为比较对象》，载《法学杂志》2020 年第 3 期。
24. 何家弘：《证据的采纳和采信——从两个“证据规定”的语言问题说起》，载《法学研究》2011 年第 3 期。
25. 何文强：《美国农业保险监管的法制化及其对我国的启示——以反欺诈、滥用和浪费为中心》，载《甘肃社会科学》2008 年第 6 期。
26. 胡学军：《我国民事证明责任分配理论重述》，载《法学》2016 年第 5 期。
27. 黄立：《民法总则》，中国政法大学出版社 2002 年版。
28. 黄忠：《比例原则下的无效合同判定之展开》，载《法制与社会发展》2012 年第 4 期。
29. 黄忠：《违法合同的效力判定路径之辨识》，载《法学家》2010 年第 5 期。
30. 贾林清、许涛：《海商法保险法评论（第二卷）》，知识产权出版社 2007 年版。
31. 姜昕：《比例原则研究：一个宪政的视角》，法律出版社 2008 年版。

32. 焦清平：《农业保险监管机制探析——以甘肃省为例》，载《甘肃金融》2017年第4期。
33. 可信区块链推进计划：《区块链司法存证应用白皮书》，2019年6月。
34. 稂文仲：《保险合同免责条款的理解与法律适用》，载《保险研究》2010年第11期。
35. 李理：《保险人说明义务若干疑难问题研究》，载《河北法学》2007年第12期。
36. 李睿懿、韩景慧：《电子数据的证据资格和证明力的审查与判断》，载《中国检察官》2017年第16期。
37. 李学军、朱梦妮：《电子数据认证问题实证研究》，载《北京社会科学》2014年第9期。
38. 栗峥：《证据链与结构主义》，载《中国法学》2017年第2期。
39. 林诚二：《民法总则》，法律出版社2008年版。
40. 林遥：《民商事类型化案件要素式审判机制研究——以C市法院民事庭审优质化改革情况为样本分析》，载《法律适用》2018年第15期。
41. 刘福星、贺娟、陶建平：《社会资本、农户素养与农险购买意愿分析》，载《调研世界》2020年第7期。
42. 刘品新：《印证与概率：电子证据的客观化采信》，载《环球法律评论》2017年第4期。
43. 刘品新主编：《网络时代刑事司法理念与制度的创新》，清华大学出版社2013年版。
44. 刘哲玮：《民事电子证据：从法条独立到实质独立》，载《证据科学》2015年第6期。
45. 鲁忠江：《〈保险法〉第17条司法解释规则评析——基于民法动态规制理论》，载《保险研究》2014年第1期。
46. 罗时贵：《中国民法公序良俗原则的法律性质》，载《重庆大学学报(社会科学版)》2018年第5期。
47. 潘红艳：《保险人免责条款明确说明义务检讨及替代制度研究》，载《甘肃社会科学》2013年第3期。

48. 彭海青：《证据合法性证明与程序性证据法理论》，载《法学杂志》2018 年第 12 期。
49. 冉克平：《代理授权行为无因性的反思与建构》，载《比较法研究》2014 年第 5 期。
50. 史明洲：《区块链时代的民事司法》，载《东方法学》2019 年第 3 期。
51. 史尚宽：《债法总论》，中国政法大学出版社 2000 年版。
52. 孙鹏：《论违反强制性规定行为之效力——兼析(中华人民共和国合同法)第 52 条第 5 项的理解与适用》，载《法商研究》2006 年第 5 期。
53. 汤小夫、刘振：《保险免责条款效力认定中的 20 个审判热点问题》，载《人民司法》2010 年第 15 期。
54. 庹国柱、李慧：《完善我国农业保险制度的一些思考》，载《中国保险》2019 年第 2 期。
55. 庹国柱、朱俊生：《完善我国农业保险制度需要解决的几个重要问题》，载《保险研究》2014 年第 2 期。
56. 庹国柱：《论农业保险监管制度的建设和改革》，载《农村金融研究》2020 年第 3 期。
57. 庹国柱：《论政策性农业保险监管的特点和需求》，载《中国保险》2013 年第 9 期。
58. 庹国柱：《论政府在农业保险制度中的责任和行为》，载《中国保险》2020 年第 1 期。
59. 王超：《中国刑事证据法学理论体系的科学建构》，载《法学评论》2013 年第 1 期。
60. 王建文、李磊：《表见代理判断标准重构：民商区分模式及其制度构造》，载《法学评论》2011 年第 5 期。
61. 王静：《如实告知义务法律适用问题研究——以最高人民法院关于适用〈中华人民共和国保险法〉若干问题的解释(二)为核心》，载《法律适用》2014 年第 4 期。
62. 王利明：《论无效合同的判断标准》，载《法律适用》2012 年第 7 期。
63. 王利明：《民法总则研究》，中国人民大学出版社 2003 年版。

64. 王素：《美国农业保险反欺诈法律机制及其启示》，载《世界农业》2017 年第 10 期。
65. 谢鸿飞：《论法律行为生效的“适法规范”》，载《中国社会科学》2007 年第 6 期。
66. 谢小弓：《论保险监管法律中的“适合度准则”对农业保险的作用》，载《暨南学报(哲学社会科学版)》2015 年第 2 期。
67. 熊志海：《诉讼证明的客观标准与主观标准》，载《现代法学》2000 年第 5 期。
68. 徐燕平、吴菊萍、李小文：《电子证据在刑事诉讼中的法律地位》，载《法学》2007 年第 12 期。
69. 杨代雄：《法律行为制度中的积极信赖保护：兼谈我国民法典总则制定中的几个问题》，载《中外法学》2015 年第 5 期。
70. 尹田：《论表见代理》，载《政治与法律》1988 年第 6 期。
71. 于永宁：《保险人说明义务的司法审查——以〈保险法司法解释二〉为中心》，载《法学论坛》2015 年第 6 期。
72. 喻名峰：《刑事证据法的价值结构》，载《法学评论》2015 年第 4 期。
73. 张保生：《证据制度的完善是实现审判中心的前提》，载《法律适用》2015 年第 12 期。
74. 张建伟：《证据法学的理论基础》，载《现代法学》2002 年第 2 期。
75. 张军主编：《刑事证据规则理解与适用》，法律出版社 2010 年版。
76. 张峭、王克、李越、王月琴：《我国农业保险风险保障：现状、问题和建议》，载《保险研究》2019 年第 10 期。
77. 张小东、孙蓉：《农业保险对农民收入影响的区域差异分析——基于面板数据聚类分析》，载《保险研究》2015 年第 6 期。
78. 张玉洁：《区块链技术的司法适用、体系难题与证据法革新》，载《东方法学》2019 年第 3 期。
79. 章戈：《表见代理及其适用》，载《法学研究》1987 年第 6 期。
80. 赵思健、张峭：《科技助推农业保险高质量发展研究》，载《保险理论与实践》2020 年第 8 期。
81. 郑丹、王伟：《我国农民专业合作社发展现状、问题及政策建议》，载《中国科技论坛》2011 年第 2 期。
82. 郑戈:《区块链与未来法治》,载《东方法学》2018 年第 3 期。
83. 郑军、朱京:《农业保险监管效率对乡村振兴战略的影响》,载《西南林业大学学报(社会科学)》2020 年第 4 期。
84. 郑旭江:《互联网法院建设对民事诉讼制度的挑战及应对》,载《法律适用》2018 年第 3 期。
85. 周文娟、徐黎明:《我国农业保险监管中的利益冲突与平衡》,载《中州学刊》2016 年第 5 期。
86. 朱慈蕴、沈朝晖:《不完全合同视角下的公司治理规则》,载《法学》2017 年第 4 期。
87. 朱蕊、江生忠:《我国政策性农业保险的扶贫效果分析》,载《保险研究》2019 年第 2 期。
88. Claude Ménard and Mary M. Shirley (ed.), Handbook of New Institutional Economics, Springer, 2008.
89. Douglass C. North, Institutions, Institutional Change, and Economic Performance, Cambridge University Press, 1990.
90. Oliver E. Williamson, "The Institutions of Governance" (1998) 88(2), The American Economic Review.
91. Oliver E. Williamson, "The New Institutional Economics: Taking Stock, Looking Ahead" (2000) 38(3), Journal of Economic Literature.
92. Paul R. Milgrom, Douglass C. North, and Barry R. Weingast, "The Role of Institutions in the Revival of Trade: The Law Merchant, Private Judges, and the Champagne Fairs" (1990) 2(1), Economics & Politics.
93. R. A. Buckley, Illegality and Public Policy, Sweet & Maxwell, 2002.

后　记

农业保险作为分散生产风险和经营风险的重要手段，在我国已经取得了长足的发展。在向农业保险高质量发展进程中，农业保险合同诉讼和农业保险诈骗诉讼暴露出农业保险在发展过程中的诸多问题。农业保险的高质量发展，不仅需要国家政策的大力支持，保险机构合法合规地运作，监管机构的高效监管，更需要在司法层面最终保障农民的保险权益。因此，作者从农业保险诉讼呈现的问题为出发点，研究如何在制度层面和司法层面共同保障投保农户的合法权益。

本书是作者在中国农业科学院农业信息研究所博士后期间的研究成果，感谢农业风险管理中心张峭主任带领的团队对本书各项数据获取和资料收集的帮助与支持，感谢武汉大学出版社胡荣编辑对本书的校正，感谢中山大学李正华教授对本书的指导与建议。最后，要特别感谢至亲的家人，没有家人身体力行地支持和无私地奉献，本书无法顺利成稿。由于水平有限，书中的不当之处，欢迎各位读者批评指正。

丁春燕

2020 年 12 月 1 日于国家农业图书馆